资源型城市系统演变及转型路径研究
——对城市可持续发展的理解

Evolution and Transformation of Resource-based Cities
—An Understanding of Sustainable Urban Development

李 颖 著

东南大学出版社
SOUTHEAST UNIVERSITY PRESS
·南京·

内容简介

快速城市化和工业化带来的负面影响，使人们日益关注城市的可持续发展。本书建立了理解城市可持续发展的理论框架，探索可持续背景下资源型城市的转型，将城市新陈代谢定量模拟与人类响应定性调查相结合，综合资源利用、环境影响、人地耦合、适应性管理等视角，深入理解复杂城市系统的整体性和系统性，揭示城市转型面临的挑战，并提出基于政府主导综合决策的适应性协同策略，以促进城市向可持续发展的转型。

图书在版编目(CIP)数据

资源型城市系统演变及转型路径研究:对城市可持续发展的理解 / 李颖著；—南京：东南大学出版社，2024.2

ISBN 978-7-5766-1045-1

Ⅰ.①资… Ⅱ.①李… Ⅲ.①城市经济-经济可持续发展-研究-中国 Ⅳ.①F299.2

中国国家版本馆 CIP 数据核字(2023)第 253842 号

资源型城市系统演变及转型路径研究——对城市可持续发展的理解
Ziyuanxing Chengshi Xitong Yanbian Ji Zhuanxing Lujing Yanjiu——Dui Chengshi Kechixu Fazhan De Lijie

著　者：李　颖
责任编辑：张　烨　　责任校对：韩小亮　　封面设计：顾晓阳　　责任印制：周荣虎
出版发行：东南大学出版社
社　　址：南京四牌楼 2 号　　邮编：210096　　电话：025-83793330
出 版 人：白云飞
网　　址：http://www.seupress.com
电子邮件：press@seupress.com
经　　销：全国各地新华书店
印　　刷：广东虎彩云印刷有限公司
开　　本：700 mm×1000 mm　1/16
印　　张：12.25
字　　数：240 千
版　　次：2024 年 2 月第 1 版
印　　次：2024 年 2 月第 1 次印刷
书　　号：ISBN 978-7-5766-1045-1
定　　价：58.00 元

本社图书若有印装质量问题，请直接与营销部联系。电话(传真)：025-83791830

前言 PREFACE

快速的城市化及其伴随的经济、资源、环境、社会等问题使得可持续的城市发展成为世界范围内的重要议题，发展中国家，特别是东亚及南亚、非洲、南美等地区，都面临着严峻的可持续发展的挑战。可持续发展的问题在资源型城市中尤为突出，随着资源的长期开采和生态环境的日益恶化，资源型城市面临着产业转型、环境改善、生态修复、城市革新等重要问题。

我国资源型城市的数量约占全国城市的40%，作为重要的资源能源战略保障基地，资源型城市为我国工业体系的建立和国民经济的发展做出了历史性的贡献。然而随着全球可持续进程的推进和资源型城市历史遗留问题越加凸显，大多数资源型城市都面临资源枯竭、环境恶化、长期增长乏力等一系列可持续发展的问题，资源枯竭型城市问题尤为严重。新常态下，资源开发利用、生态环境保护、经济社会发展之间的矛盾激化，加剧了资源型城市可持续发展难题，促进资源型城市资源环境优化配置，缓解经济增长、环境保护与社会转型之间的冲突，已成为实现区域可持续发展的重要科学命题，值得学术界和决策层的深入关注。

2015年9月25日，联合国193个成员国在可持续发展峰会上正式通过17项可持续发展目标，旨在以综合方式彻底解决社会、经济和环境三个维度的发展问题，转向可持续发展道路。其中SDGs（可持续发展目标）第11项提出建立可持续的城市及人类居住区。资源型城市系统中经济、环境与社会三个维度间的矛盾冲突显著，促进资源型城市可持续发展，是加快转变经济发展方式、建设生态文明、实现区域可持续发展的重要途径。科学认知资源型城市复杂系统及其人地交互作用，探索面向可持续发展的城市转型路径，对充实资源型城市研究的内容体系和探索城市人地耦合系统研究方法具有一定理论价值，对维护国家自然资源安全、促进资源开发与城市发展的良性互动、实现区域可持续发展目标具有重要现实意义。

本书以我国西北地区典型资源型城市金昌为案例，对可持续发展背景下的城市转型进行了探索，主要目的是更好地了解城市系统和促进城市可持续发展的潜在途径。通过对复杂的城市系统的整体性和系统性的理解，可以促进城市向可持续发展过渡。本书建立了一个理解可持续城市发展的理论框架，并回顾了我国的环境治理理念以提供一个文化和政治背景，之后在金昌市采用了定量和定性相结合的混合方法来检验这一框架。

本书的相关研究为理解复杂的城市系统和不断增长的关于城市可持续发展的多学科知识做出了贡献。通过使用混合方法探索城市系统及其可持续发展挑战，本书展示了如何从综合资源、环境和社会的角度系统地理解和改善城市系统。这特别涉及公众参与和社会元素对城市可持续发展的考虑。最后本书提出了综合决策和监管系统的适应性和协同性战略，以促进我国新时代背景下的城市向可持续发展过渡。这体现了我国快速工业化城市中的城市转型模式，并对世界上其他正在经历类似快速增长轨迹的地区亦有广泛的影响。

因个人能力所限，本书难免有不足之处，敬请各位专家及读者批评指正！

李颖，昆士兰大学（The University of Queensland）理学博士，南京大学硕士与学士，现为南京财经大学公共管理学院讲师，硕士生导师。主要从事资源环境与可持续发展、城市与区域发展、土地利用与生态环境等研究，在 Journal of Environmental Management、Resource Conservation and Recycling、Journal of Cleaner Production、《资源科学》、《农业工程学报》等 SCI/SSCI 和核心期刊发表论文 20 余篇。主持国家自然科学基金项目，江苏省高等学校自然科学研究面上项目，与其他地方研究课题数项。

目录 CONTENTS

第一章 绪论
Introduction ·················· 001

第一节 引言 ·················· 002
第二节 城市可持续发展概述 ·················· 003
第三节 中国文化背景下的可持续发展 ·················· 004
第四节 城市可持续发展转型研究问题及目标 ··· 005
第五节 篇章结构 ·················· 006

第二章 城市可持续发展
Sustainable Urban Development ·················· 009

第一节 可持续发展概论 ·················· 010
第二节 城市社会经济系统以及城市化 ·················· 017
第三节 城市系统中的人类维度 ·················· 022
第四节 城市可持续性 ·················· 025
第五节 资源型城市可持续发展 ·················· 028
第六节 中国城市发展与转型 ·················· 030
第七节 本章小结 ·················· 037

第三章 中国文化视角下的可持续发展
Sustainability from a Chinese Cultural Perspective
·················· 039

第一节 中国文化的"软实力" ·················· 040

第二节　中国可持续发展思想：和谐观 ……………………………… 041
第三节　塑造中国的可持续发展 …………………………………… 045
第四节　本章小结 …………………………………………………… 049

第四章　混合方法论：了解复杂系统
A Mixed Methodology: Understanding the Complex System ………… 051

第一节　研究框架 …………………………………………………… 052
第二节　案例研究法 ………………………………………………… 057
第三节　城市物质资源环境系统定量研究 ………………………… 060
第四节　城市社会系统定性研究 …………………………………… 064
第五节　可预见的局限性 …………………………………………… 068

第五章　城市物质资源环境系统模拟
Urban Metabolic System Modelling …………………………………… 069

第一节　城市系统物质投入和产出 ………………………………… 070
第二节　城市系统物质流入 ………………………………………… 071
第三节　城市系统物质流出 ………………………………………… 073
第四节　物质流结构分解分析 ……………………………………… 075
第五节　经济增长与物质流脱钩分析 ……………………………… 076
第六节　本章小结 …………………………………………………… 080

第六章　城市环境公众感知
Public Perception on the Urban Environment ………………………… 083

第一节　城市环境变化及其影响 …………………………………… 084
第二节　经济困境与机遇 …………………………………………… 088
第三节　城市建设与环境保护 ……………………………………… 092
第四节　公众对社会进步的理解 …………………………………… 096
第五节　城市环境感知的群体差异 ………………………………… 098

第六节　本章小结 ······················· 100

第七章　城市社会系统理解
Urban Social System Understanding ················· 103

第一节　城市社会系统要素因果关系 ··········· 104
第二节　利益相关者责任 ················· 105
第三节　制度建设 ····················· 110
第四节　个人发展 ····················· 112
第五节　本章小结 ····················· 116

第八章　城市可持续发展转型
Urban Transitions toward Sustainability ··············· 119

第一节　从"不可持续"到"可持续"的现实冲突 ······ 120
第二节　制度和决策系统创新 ··············· 122
第三节　城市经济转型 ·················· 129
第四节　技术创新和人力资本管理 ············· 133
第五节　构建可持续型社会 ················ 136
第六节　城市可持续性转型的综合决策与管理 ······· 143

第九章　结论
Conclusion ······························ 147

第一节　主要研究结论 ·················· 148
第二节　综合讨论 ····················· 156
第三节　研究展望 ····················· 157
第四节　结语 ······················· 158

参考文献 ····························· 159

第一章

绪 论
Introduction

第一节　引言

目前，世界上有一半以上的人口生活在城市地区，全球城市化进程不断加快（UNEP，2012）。城市化在发展中国家最为迅速，并继续上升。城市化伴随着经济增长、密集的资源使用、能源消耗、废物生产和环境污染的不同的组合。东亚和南亚、非洲和南美洲的许多国家都面临着这些严重的问题。

学者们普遍预测城市化将继续下去，并对自然环境产生深刻的影响。如果城市化没有得到适当的管理，会出现社会冲突、生态系统服务下降、基本服务崩溃和健康问题（Bateman & Hochman，1971；Leon，2008；Saich & Yusuf，2008）。有些人则提出了相反的观点，认为城市化可以促进区域环境保护，因为城市居民提高了资源利用效率，改善了环境监管，人均使用的资源更少（Fan & Qi，2010；Glaeser et al.，1992）。

现实情况是，这两种观点都得到了现有大城市和正在经历快速增长的新城市的证据支持。这些城市的人民和政府都面临着为快速的城市化带来的众多问题寻找解决方案的挑战。中国的绝大多数城市正处于这样的过程中，而且中国并不是唯一这样的国家，因为全世界都在经历迅速且引人注目的城市化。

本书的研究旨在促进对城市系统的理解，并以此来确定促进城市向可持续发展过渡的潜在战略。为了实现这一目标，本研究探索了城市背景下可持续发展的多个方面。这涉及城市复杂系统的模拟，以及城市治理、文化和城市环境之间的相互作用的理解，并向城市可持续发展过渡的探索。

大多数关于城市可持续性的研究都集中在城市系统的环境和经济方面，往往忽略了社会系统的重要作用，包括其治理、文化影响和特定环境问题。本书基于多学科的理论、概念框架和研究方法，探讨资源型城市的可持续发展问题，对资源环境和人类经济社会系统之间的相互作用进行了理论和实证研究。通过对典型资源型城市的实地调研和深入分析，探索在特定文化、环境背景下促进城市可持续性的策略，这些策略反映出资源型城市转型的现实复杂性。

本书聚焦于理解复杂的城市系统演变以及探索城市向可持续发展转型的路径。研究重点涉及资源利用、环境变化、人与环境相互作用、适应性管理等城市系统模拟和城市管理相关理论与实践。研究建立在人与环境互动的理论基础上，从综合城市资源环境系统和社会人文系统的角度来研究城市问题，通过结合对城市新陈代谢的定量模拟和对人类响应的定性探究，揭示城市系统演变的规律和特征，探究阻碍资源型城市可持续发展的关键因素，并借助公众的理解和洞察力，在城市经济、环境和社会层面，探索更具适应性的资源型城市可持续发展转型策略。

第二节 城市可持续发展概述

城市可持续发展是所有城市的基本议题。对于快速发展中国家的工业城市来说更是如此，当地居民和生态系统正受到经济增长的外部影响（Dong et al.，2015；Wu et al.，2012），在促进经济福利、改善生活条件和社会进步的同时，城市的发展对资源环境系统提出了严峻挑战，并可能威胁到人类健康和长期发展（Bettencourt & West，2010；Dye，2008；Galea & Vlahov，2005；Leon，2008；Moore et al.，2003；Shen et al.，2012）。然而，环境的外部性和对人类健康的影响往往被边缘化（Matus et al.，2012；McKenzie，2008；Srivastava，2009）。因此，世界各地的快速城市化，与密集的资源和能源消耗、废物产生和环境退化有关，需要向可持续的城市发展模式过渡。联合国环境署的可持续消费和生产十年计划框架（10YFP）也强调了改进经济、工业和环境管理系统的必要性。

作为直接和间接主导自然资源生态系统变化的人类活动中心，城市已经成为实现全球可持续发展的焦点。2002年，联合国强调了可持续城市的意义，对城市可持续发展的研究也相应加快（Childers et al.，2014；McCormick et al.，2013；Nevens et al.，2013；Shen et al.，2011；Wu，2014）。Giddings 等（2005）指出，城市可持续发展的首要目标是在社会经济框架内，实现整个社区的高质量生活，使城市对当地和全球环境的影响最小化（The overriding objective of urban sustainability is to achieve a high quality of life for the whole community within a socio-economic framework that minimises the impact of the city on the local and global environment）。为了探索影响城市系统运行的因素，Willis（2005）将人、城市形态、交流、立法和公共投资作为关键的研究领域。张润君（2006）提出，城市结构和功能需要在微观层面上不断改进，以实现城市的可持续发展。Dendler 等（2012）认为可持续的未来需要从物质到制度、从政府到社区、从公共部门到私营部门的多层次和多角色的过渡。这种观点强烈地表明，需要用多学科的方法来解决城市问题。

第三节　中国文化背景下的可持续发展

　　可持续发展作为一个目标，在环境科学和政策论述中享有广泛的共识，但其含义在特定的文化背景下有所不同（Boonchai & Beeton，2016；Li et al.，2016c；Nurse，2006）。在应用于特定环境时，它必须与当地条件和文化相结合。因此，中国的城市可持续发展问题，必须在中国背景下考虑其文化和治理方式来解决。

　　实现可持续发展的挑战是全球性的，中国尤其为研究人员和城市管理者提供了尝试创新系统变革的机会。类似于可持续发展的思想对中国文化来说并不新鲜，而是根植于中国古代哲学和文化，这反过来又影响了当前的治理和政策。作为一种独特的地方话语，"和谐"一词赋予了中国独特的可持续发展视角，对城市和区域管理的相关政策具有制度上的影响。

　　第七次全国人口普查（2020年）显示，中国的人口已经达到14.12亿，超过60%的人口生活在城市地区，并且向城市迁移的趋势没有减弱的迹象。

人口、资源禀赋和经济发展需求相结合,对资源和环境都造成了巨大的压力。这也给中国的城市环境系统带来了压力,对城市可持续发展带来了挑战。中国的许多大型城市和新兴的中小城市在污染和相关的健康危害方面已经达到了危机水平。鉴于中国新兴中产阶级对以消费为导向的生活方式的渴望,城市的可持续发展必须在这个关键时刻得到解决。

目前,中国正在努力创造一个新的和谐文明的国家身份,其中包括中国的传统文化和价值观,也蕴含着现代管理中的可持续发展思想。"和谐社会""生态文明""中国梦"等反映了这种应对世界的新方式,即渴望实现清洁增长、国家繁荣和社会稳定。以可持续发展为永恒主题的多种城市发展概念和模式已被许多中国城市采用(de Jong,2013;Liu et al.,2014;Zhou et al.,2012;范丹 & 赵昕,2022;张悦倩 等,2022)。同时,各部委、局、委员会和机构已经越来越多地参与到城市环境管理中。

随着时间的推移,重工业城市通常会经历对环境产生重大影响的快速发展阶段,到环境逐渐好转的恢复阶段,最后到人与环境和谐共生的成熟阶段或环境严重恶化难以逆转的衰退阶段。最后一个阶段可能是收缩阶段,因为非密集型生产通常与自然城市环境的修复和基于服务的地方经济的出现有关(吴康 & 戚伟,2021)。从历史上看,这个过程是一个漫长而复杂的过程,关注它是如何发生的,对全世界的城市都有广泛的影响。本研究为中国西北部一个资源型城市提供了一个模型,论证成熟的资源型城市如何有可能在中国文化背景下实现向城市可持续发展过渡转型,并为发展中国家提供一个模式以供借鉴。

第四节 城市可持续发展转型研究问题及目标

快速发展的城市地区的可持续发展问题是复杂的,需要进行跨学科和问题导向的调查。为了聚焦这项研究,我们提出了两个论点作为引导研究问题和后续研究的基础。这两个论点是:

论点1:通过了解复杂的城市系统,可以促进城市向可持续发展转型。

论点 2：城市向可持续发展的转型取决于基于文化和政治的综合型转变。

为了从技术和社会经济的角度探讨这些理论，本研究提出了 5 个具体的研究问题来指导这项研究：

问题 1：中国的传统哲学和新中国的可持续发展政策是如何演变的？它们如何影响中国的现代管理和发展？

问题 2：城市的新陈代谢框架如何应用于理解城市资源环境系统以及如何评估城市的可持续发展潜力？

问题 3：当地居民对城市环境状况及发展态势的态度及观点如何？在不同类型的居民群体中，他们的响应有什么不同？

问题 4：城市社会文化系统是如何影响城市可持续发展的？

问题 5：在实现城市可持续发展的过程中，关键的困境是什么？如何促进城市向可持续发展转型？

本研究是为了加强对城市系统的系统性理解，促进城市向可持续发展转型。从城市物质代谢模型、城市社会系统理解和决策改进三个层面出发，对本研究的目标阐述如下：

目标 1：加强对城市复杂系统的理解，找出城市系统发展演变的规律，挖掘城市可持续发展的潜力。

目标 2：在公众响应调查的基础上，增加对社会和文化背景下的城市可持续发展的理解，并制定相应策略，让公众参与到城市发展管理决策中。

目标 3：通过建立适合中国国情的综合决策和管理体系，改善城市环境管理机制，促进城市可持续发展的转型。

第五节　篇章结构

本书共分九章。第一章介绍了当前的环境和城市问题，强调了促进城市可持续发展转型的必要性，并提出了本研究的研究问题及目标。第二章围绕城市可持续发展，回顾了与本研究相关的城市可持续发展理论和实际问题，介绍了有关可持续发展、城市新陈代谢和社会经济系统、人类与环境相互作用的基本理论和研究背景,并概述了中国城市发展的历程和可持续发展探索实践。第三章探究了中国文化视角下的可持续发展,结合中国文化背景探讨了文化对国家发展和管理的潜在影响,总结了中国历史上与可持续发展相关的重要思想及其对塑造中国式可持续发展的影响。第四章讨论了本研究的研究框架和研究中使用的混合方法,即定量与定性相结合的方法,介绍了数据收集、分析方法以及使用这些方法的目的,并以此为框架,将城市代谢模型和社会调查融入城市系统理解和适应性环境管理中。第五章通过城市新陈代谢的定量建模,探索了城市物质资源环境系统。基于物质流分析相关方法,揭示了城市物质和资源利用效率的变化以及环境影响变化,并评估了城市的可持续发展潜力。第六章基于对公众的定性调查,进一步探讨了城市环境状况。本章了解了当地居民对城市环境、经济和社会问题及挑战的迫切关注,揭示了当地居民对城市环境问题的响应及差异。第七章用深入访谈的结果进行因果联系分析,理解城市社会系统的运作,强调在城市可持续发展研究中整合人类行为和社会因素的重要性,使得影响城市可持续发展的关键社会因素和关系得以确定。第五至七章共同展示了如何利用定量和定性相结合的方法系统地理解复杂的城市系统。第八章讨论了促进城市可持续发展转型的适应性对策,总结了在中国文化背景下构建综合决策和管理体系的方法,并提出了通过多层次、多视角转型促进城市可持续发展的策略途径。第九章总结了主要研究结论和讨论,并提出相关研究展望。

第二章

城市可持续发展
Sustainable Urban Development

人口增长、经济发展和对物质生活水平的不断追求，导致了对自然资源利用的增加和对生态环境的巨大破坏。如果不加以解决，自然资源的枯竭和环境的退化将最终阻碍经济和社会的进步。为了应对这一困境，在过去的几十年里，可持续发展已经成为国际社会的当务之急。

人类的经济和社会活动主要位于城市，城市创造了大量的财富，极大地改善了人类的生活。同时，城市被认为是环境问题的主要贡献者，因为它们是自然资源的主要消费者，它们通常对周围的自然环境造成不同程度的影响，最终导致全球环境问题。因此，城市的可持续性对于实现可持续发展至关重要，因为城市对物质的流动、人类对自然的影响以及人类社会的意识形态变化具有主导作用。改善受污染的城市环境并不新鲜，许多城市已经通过经济结构的转变和污染企业的转移实现了这一目标。目前的问题是，在快速城市化和工业化国家中，没有长期污染问题的地方越来越少。

本章首先讨论了在当代中国经济发展和城市化进程中出现的可持续性挑战。它提出了对环境保护和资源保护与发展的综合分析，以实现长期的计划性变化。本章回顾了可持续发展概念、城市系统及城市化、中国的城市发展历程及管理，以及为促进城市可持续性转型所做的努力；探讨了理解城市系统运作的方法，即城市资源环境和社会文化系统及其相互作用；并且概述了中国的和谐思想与治理理念，以加强对文化作为可持续发展第四支柱的理解。

第一节　可持续发展概论

环境问题已经列入诸多国家的首要政治议程。为了应对世界范围内的环境问题，多国已经形成广泛的共识，即朝着可持续发展的方向前进是当务之急。尽管自19世纪中叶以来，人与自然和谐共存的理念在西方社会就有强烈的呼吁（Marsh，1864），但直到1980年，世界自然保护联盟（IUCN）、联合国环境规划署（UNEP）、世界自然基金会（WWF）才共同提出了可持续发展（sustainable development）和可持续性（sustainability）这两个术语，随后在《我们共同的未来》（*Our Common Future*）（WCED，1987）、《关爱地球：可持续生存战略》（*Caring for the Earth*：*A strategy for sustainable living*）（IUCN et al.，1991）以及 2000 年联合国通过的"千年发展目标"（Millennium Development Goals）中得到了发展，推动了经济、社会和环境的整合，并成为学术领域中关注度急剧增长的主题（图 2-1）。

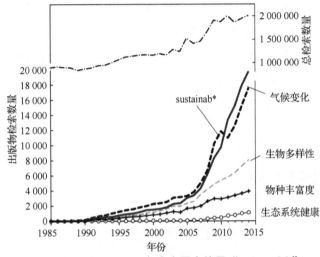

图 2-1　1985—2015 年在主题中使用"sustainab*"特定词汇的国际出版物数量

注："sustainab*"使用"*"，可以同时搜索可持续发展（sustainable development）和可持续性（sustainability）。

一、资源与生态危机

资源的有限性伴随而来的是经济和生态的压力。世界各地的发展理论越来越多地与资源保护、环境保护和社会经济发展相联系，特别是当资源使用和废物处理能力接近地球的理论承载能力时。可持续发展的概念体现了这一观点。

由于工业生产和能源开采的增长速度超过了人口增长，生态危机被认为是对现代文明的重要挑战。随着社会变得更加富裕，资源和生态压力通常由两个主要途径引起，即资源的利用和污染物的排放。在过去的几百年里，环境被认为是人类的外部环境，随着人类知识的丰富和技术的提高，自然环境被大量开发和破坏。

自20世纪60年代以来,人类的生态足迹(ecological footprint)因快速的城市化而急剧加速(Hubacek et al.,2009;Rees & Wackernagel,1996;陈修素 等,2022)。目前,对这一命题有两种相反的观点。一种观点是,地球的承载能力已经增加到相当于今天的1.5个地球,如果按照目前的发展趋势继续下去,到2030年,人类的生态足迹将增加至2个地球(Grooten,2012;Wackernagel et al.,2002)。人口和经济增长对有限的自然资源产生压力,过度开发和大量的废物排放导致了严重的环境问题(Fu et al.,2007;Suzanne,1997)。这些问题可以分为环境污染和资源利用的可持续性两类(图2-2)。前者表现为当前的成本,而后者则对人类生存造成长期的挑战(Naughton,2007)。这表明,人口和经济可接受的实际增长是有限度的(Meadows et al.,2005),尽管这些限度仍然是主观的。这种严重的生态挑战不仅会影响经济的持续增长和人们物质生活条件的改善,还可能对人类的长期生存造成重大风险。

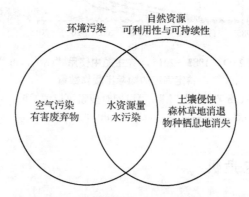

图2-2 经济增长造成的环境污染和资源利用的可持续性

另一种观点认为,技术发展和经济适应如果得到促进,将解决这些问题。日益严重的环境退化和资源枯竭要求我们改变发展途径,重新思考如何衡量人类社会的进步。随着人们日益认识到将环境问题与社会经济问题联系起来,以确保长期可持续发展的重要性,传统的没有将环境退化和健康问题作为经济发展的外部因素的经济增长方式将被批判和改变。相应地,绿色增长指标(green growth indicators)、真实进步指标(genuine progress indicators)和调整措施已被提出,以重新思考发展的问题。

二、可持续发展的内涵及其演变

可持续发展（sustainable development）源于可持续性（sustainability）一词的字面意思，且二者经常通用。这两个概念都来自 1713 年的林业术语"持续产出（sustained yield）"。然而，可持续发展的定义仍然是模糊的，许多来自不同学科的学者在自然、经济、社会、技术和政治领域均有不同的侧重点，并对可持续发展进行了解释和讨论。生态学家通常专注于自然方面的定义，即生态环境的可持续性，其关注点大多集中在资源枯竭、污染和环境恶化等问题上，并致力于保护和提高生态环境系统的生产和更新能力。同时，世界自然保护联盟、联合国环境规划署和世界自然基金会则更多关注人类可持续生存问题，建议在生态系统的环境容量内提高人类的生活质量。此外，经济学家对可持续发展一词的定义是：在保持自然界质量和服务的前提下，使经济发展的净效益最大化，同时这种发展能够保持当代人的福利增长，不会减少后代人的福利。技术专家的定义侧重于转向更清洁和更有效的技术，以减少自然资源的消耗，并实现"零排放"和"密封技术"的目标。与此同时，在不同文化背景下，可持续发展对不同国家或地区的人和组织有着不同的含义（Boonchai & Beeton, 2016；Li et al., 2016c；Ng, 2007；Robinson, 2004；李美玲, 2022）。

可持续发展研究中没有一套被普遍接受的理论、方法和策略，这反映出可持续发展概念的模糊性和有关可持续发展的不同目的。然而，大多数对可持续发展的解释涉及两个基本重点，即保证当代人类需求和有利于未来发展（Childers et al., 2014；WCED, 1987）。有种趋势表明，可持续发展的重点已经转向涉及社会资本、人类发展及其与自然系统的互动，以解决现实问题和迎接挑战（Beeton, 2006；Fotovvat et al., 2014；Jain & Jain, 2013；Kusakabe, 2012）。

一个可持续的人类-自然系统将人类系统与自然系统结合起来。它不仅是指环境保护，还包括经济和社会方面。对可持续发展的流行解释强调了环境、经济和社会这三个相互关联的子系统，以展示和评估复杂的系统，并促进可持续性的"革命"（Barbier, 1987；Camagni et al., 1998；Lozano & Huisingh, 2011；Rotmans & Van Asselt, 2000）。此外，可持续发展的概念应该在不同的层面上进行定义和衡量,即全球、国家、区域、地方和点的尺度。继而,诸多学术研究采用了多维度、多尺度、多层次模型进行可持续性分析(Elzen et al., 2004; Ness et al., 2010; Parra, 2010; 王文学 等, 2022; 余振 等, 2021)。

广义上讲,可持续发展的概念试图将环境问题与社会经济问题结合起来。可持续发展不仅仅是这些问题的简单结合,还关注人类及其后代的社会进步和文化遗产。可持续性研究已经经历了从保护自然和环境约束到经济评估、社会行为、政策和政治的过渡。Bifani(1999)指出,可持续发展不是人类生存的一个静态概念,而是一个不断进步的动态过程。为了促进对可持续发展理念的不同趋势和转型的理解,Hopwood 等(2005)提出了一个结合环境和社会经济问题的可持续发展观点思想图,它标志着可持续发展的政治和政策框架及对变革的态度和手段(图 2-3)。此图中,可持续发展被划分为现状、改革和转型三个时期。两根坐标轴分别代表了环境和社会经济观点,环境轴代表了环境的优先性,社会经济轴涵盖了人类福祉和平等的重要性,而阴影部分则表示相应的可持续发展观点。

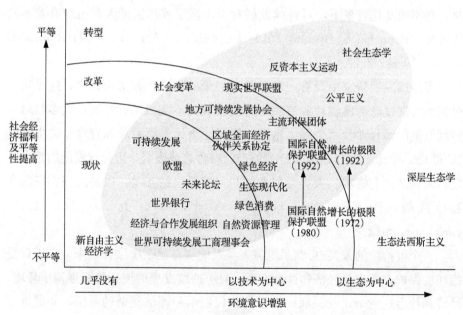

图 2-3 可持续发展观点思想图(Hopwood et al., 2005)

最近的多学科尝试将人类和自然系统结合起来,以实现可持续的解决方案,涉及从资源保护和环境保护到文化背景下的社会进步的过渡。它意味着将可持续发展战略纳入发展计划和政策,并指出观念和生活方式的改变的重要性。这种科学研究与治理的结合,有助于改善复杂的人类-自然系统的可持续管理(Beeton & Lynch, 2012)。Robinson (2004) 认为,可持续性的方法是综合的,是以行动为导向的,超越了技术上的固定,包含了对可持续发展的社会建设的认可,并以新的方式参与当地社区。然而,到目前为止,还没有关于如何实现可持续性革命的确切步骤。乐观的观点是,这场革命将源于全球数十亿人的愿景、尝试和行动。

三、可持续发展的全球呼吁

在过去的半个世纪,关于环境和发展的国际会议以及诸多非政府组织,都认识到可持续发展是人类长期发展的明智选择和必要途径。

1972年6月5日至16日,联合国人类环境会议(也被称为斯德哥尔摩会议)在瑞典的斯德哥尔摩举行。这是联合国的第一次关于国际环境问题的重要会议,这次会议为国际环境政治和法律带来了显著的转折点。《斯德哥尔摩宣言》中提出了各种国际环境问题,包括自然资源管理、污染预防和环境与发展之间的关系。1980年,IUCN提出,人类必须研究经济、社会和环境之间的基本互动关系,以确保全球可持续发展。

斯德哥尔摩会议召开20年后,联合国环境与发展会议(UNCED)(也被称为地球峰会)于1992年6月3日至14日在巴西里约热内卢举行。会议重点讨论了如何通过制定可持续发展的途径来解决环境问题。这一概念要求采取有效措施,保护自然资源不受环境恶化的影响,以实现经济和社会进步。作为1992年地球峰会的主要宣言,《21世纪议程》提出了100多个旨在解决生态问题的方案,还为联合国、多边组织和世界各国政府勾勒了一个可以在全球、国家和地方各级采用的行动议程。此议程还产生了关于大气和生物多样性的条约草案,推动了当今的世界气候和生物多样性政策。

可持续发展世界首脑会议(WSSD)(也称地球首脑会议)于2002年8月24日至9月4日在南非约翰内斯堡举行,它也被称为"里约+10"。《约翰内斯堡宣言》是这次首脑会议的主要成果，它提出了一个更广泛的声明，特别侧重于对人类的可持续发展构成严重威胁的世界性状况，其中包括长期饥饿、营养不良、地方性传染性和慢性疾病，尤其是艾滋病毒/艾滋病、疟疾和结核病。

  2012年，联合国可持续发展大会于6月20日至22日在里约举行，通常被称为"里约+20"或2012年地球峰会。这次会议的主题集中在绿色经济、可持续发展的体制框架和可持续发展目标等问题上。会议进一步提出了"我们想要的未来（The Future We Want）"，并向100多位国家元首和政府首脑传达了这一信息。

  2015年，联合国所有成员国通过了2030年议程和可持续发展目标（SDGs）[1]，描述了一个适用于所有国家并必须由其实施的普遍议程。健全的衡量标准和数据对于将可持续发展目标转化为解决问题的实用工具至关重要。Sachs等学者自2015年以来陆续发布了可持续发展报告（sustainable development report）[2]。作为第一个评估每个国家在实现可持续发展目标方面的情况的全球性研究，该报告形成了对官方SDGs指标和国家主导的自愿审查过程的补充。该报告不是一个官方的监测工具，它使用由官方数据提供者（世界银行、世界卫生组织、国际劳工组织等）和其他组织（包括研究中心和非政府组织）发布的公开可用数据。与其前身千年发展目标不同，可持续发展目标不仅为新兴国家和发展中国家设定了标准，也为工业化国家设定了标准。各国政府和民间社会都可以利用可持续发展报告来确定行动的优先事项，了解关键的实施挑战，跟踪进展情况，确保问责制，并确定必须消除的差距，以便在2030年实现可持续发展目标。

---

[1] 参见 https://www.un.org/en/exhibits/page/sdgs-17-goals-transform-world。
[2] 参见 https://www.sustainabledevelopment.report。

第二节　城市社会经济系统以及城市化

城市地区是人类活动的中心。它们为生产、贸易、娱乐和创新提供了空间和机会,极大地改善了人类的生活质量。城市化是人类历史上的一个转折点,它改变了人类的生活,并将人类文化推进到一个新的阶段。

一、理解城市系统

社会对城市系统的关注大多在于经济、社会和环境这三条底线(triple-bottom-line)之间的交互界面(Camagni et al., 1998; Clune & Zehnder, 2020; Parkin, 2000)。图2-4显示了城市相互联系的系统,这些相互作用的区域吸引了城市系统中不同利益群体的关注,可持续的城市系统必须定位在控制这三个界面交互的范围内。在一个可持续的城市系统中,经济发展、社会进步和环境保护相互协调,物质、能源和信息通过高效利用而相互促进。

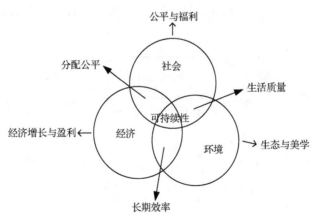

图2-4　可持续城市的"三个相互关联的系统"维恩图

在这个三支柱模型的基础上,人们提出了各种模型来解释这三个支柱之间不断变化的相互关系(图2-5)。越来越多的研究人员正在采用嵌套式可持续性模型（与三支柱模型相比），其中环境层面被认为是经济和社会可持续性的基础（Giddings et al., 2002; Newton & Bai, 2008）。这表明人们越来越重视环境系统的基本作用，并建议将环境原则纳入社会和经济决策的综合城市管理系统。这并不意味着去工业化，而是要求在产品中加入越来越多的信息内容，通过更好地生产有形和无形的产品和服务来解决社会和环境挑战。

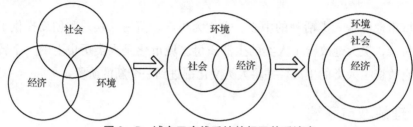

图 2-5 城市三底线系统的相互关系演变

为了理解城市的基本环境系统，本研究采用了 Wolman（1965）和 Girardet（1992）的城市代谢模型。该模型将城市视为一个生态系统，并使用"新陈代谢（metabolism）"模型来描述城市，其中能量和物质流经历了各种形式的转换和消耗，然后作为废物或污染物排放到周围环境中（Kennedy et al., 2011）。图 2-6 显示了一个城市如何被视为物质和能源的汇（sink）和源（source），两者都在系统中流动，并受到人类活动的调节。人类活动对环境的影响在很大程度上取决于流入和通过城市系统的资源和物质的数量和质量。此外，废物从系统中流向周围环境。前者干扰了自然系统，导致环境退化；后者造成环境污染，影响人类健康。另一种选择是循环代谢模型，该模型提

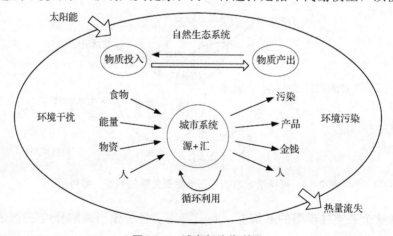

图 2-6 城市新陈代谢图

出高比率的物质回收和再利用是提高城市可持续性的有效途径，在这种情况下，物质输入和废物输出都得到有效利用和减少。在这一模式中，并非所有的流动都是平等的，例如，金钱倾向于积累，其他流动则取决于政策和管理干预。城市新陈代谢模型有利于对城市系统的理解，而这又可以被视为一种指数，为城市可持续发展研究及规划提供基础。

城市的运行在很大程度上取决于其周边地区（图2-7）。中心圈代表城市居民的生活区域，包括街道、广场、公园、工作场所、住宅、娱乐场所以及大部分工业和服务部门。下一个圆圈是为城市居民提供食物和其他必要材料的区域，这个圆圈的大小取决于中心圆圈的规模和城市化水平。最大的圆圈是吸收人类活动产生的排放物所需的区域，其主要功能是为城市居民提供生活支持功能。在城市系统中，存在着大量由经济活动驱动的跨越边界的物质进出。

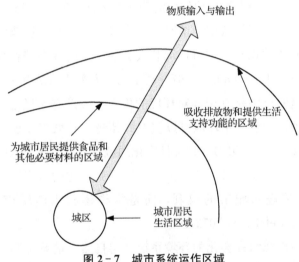

图2-7 城市系统运作区域

二、社会化的城市系统

环境被定义为影响和改变生物体或人群生长和发展的外部生物和非生物环境或条件（Kemp，1995）。环境可以分为自然环境（natural environment）和建筑环境（built environment）。它可以被认为是整个自然界或一个特定的区域，特别受到人类活动的影响。环境哲学（environmental philosophy）以其现代形式起源于英国、美国、澳大利亚和挪威。就后三者而言，它起源于荒野倡导（wilderness advocacy），侧重于环境伦理（Marsh，1864）。在澳大利亚，"环境"一词在法规中被正式定义为①：

① 生态系统及其构成部分，包括人和社区；

② 自然和物质资源；

③ 地点、场所和区域的质量和特征；

④ 有价值的遗产地；

⑤ 涉及以上①~④中提到的事物的社会、经济和文化方面。

城市的出现和发展受到了人类社会发展的深刻影响。人类技术的发展产生了城市系统，似乎使城市脱离了自然秩序，城市社会的出现是因为技术、集中生产和贸易的优势（O'Sullivan，2007）。因此，城市环境在许多方面与自然环境有很大的不同，它通常具有社会符号的特征。现代人生活在一个"社会化的环境"中，因为人类对他们生活的环境进行了塑造（Harper，2004）。

在讨论环境，特别是城市环境时，不能忽视符合文化规范的人类活动的影响。一个普遍的共识是，城市环境和人类活动之间存在着密切的关系。50多年前，Berger和Luckmann（1967）观察到，人类活动是由文化主导和构建的，他们对环境的行为是基于其对环境的思考。最近有人提出，通过人类与城市环境的互动，社会文化环境可以演变并超越主导城市发展的自然环境限制（Sacco & Crociata，2013）。这种社会化的城市环境意味着人类与城市的关系已经发展成为一种新的城市化模式。在这个城市化的过程中，人类对城市的权利不仅仅是进入城市的权利，而是指构建和重塑城市系统的权利（Harvey，2008；Lefebvre，2012）。

本研究将城市视为社会化的环境系统，与自然环境系统不同，但又与自然环境系统相互影响。城市的发展与人类社会的发展密切相关，而人类社会的发展又与文化、人类的认知、态度和行为密切相关。其中最值得注意的是社会中运行的政治和治理系统（Bang & Esmark，2009；Knox-Hayes & Hayes，2014）。因此，地方政府在地方环境适应和城市可持续发展转型中发

---

① "环境"的定义在《澳大利亚环境保护和生物多样性保护法》（*Australian Environmental Protection and Biodiversity Conservation Act*）中得到了概述。这个定义与中国对环境一词的解释是一致的。

挥着重要作用（IPCC，2014；Measham et al.，2011）。在中国，这些对于变革的有效实施尤为关键。

三、城市化的环境和社会影响

城市化作为城市发展的一个重要标志，与经济和社会发展紧密相连。社会和经济发展是城市化的主要推动力。一般来说，农业生产力的发展是城市崛起的先导，随后工业化的发展成为主导力量，第三产业的繁荣进一步促进了城市化。这个城市化的过程有反馈回路，对社会和环境都有影响。许多研究已经提供了确凿的证据，证明城市化已经造成了全球环境问题，如生态退化、气候变化、水资源短缺、空气污染、土地侵蚀和粮食危机。

许多城市经历了恶劣的环境条件，同时也出现了广泛的健康问题。按照经济发展水平分类，不同类型的城市有特定的环境负担特征。对于低收入地区的城市来说，由于缺乏清洁水和卫生设施，健康是最关键的问题；对于一些中等收入的城市或郊区来说，城市空气污染是最突出的环境挑战，特别是在工业城市，二氧化硫、氮氧化物和小颗粒物（SPM）高度集中；对于相对高收入的发达城市，由于高消费水平和经济结构的变化，二氧化碳排放愈加受到关注。作为一种世界趋势，高污染的工业已逐步从发达国家的城市转移到发展中国家。在中国，工业增长最初是在沿海省份，随后在国家的工业迁移战略下，许多工业城市在西部和内陆地区蓬勃发展。

除了环境影响，快速的城市化也会造成社会影响，如失业、社会不平等、住房问题、基础设施负担过重、过度拥挤、服务能力不足、过度追求经济增长。这些社会问题，加上城市化带来的环境问题，正在挑战人们的身心健康。

另外，城市发展也通过更有效的公用事业（例如水和燃料）分配、提高资源利用效率、更绿色和更清洁的生产以及对废物和污染的先进监管来改善城市环境，有赖于依靠绿色生产、清洁发电、先进的污水处理和废物处理系统以及改善公共交通系统等解决方案来减轻对身体健康的危害。因此，并非所有的城市化都是负面的，在发达国家的一些城市，环境监管和更好的技术占主导地位，城市环境正在逐步改善。

第三节 城市系统中的人类维度

城市系统的理论研究为理解城市提供了一个结构,也提高了该领域研究的完整性和可信度。完善城市系统理论的研究,必须增加对人类层面的响应和管理的研究。这与可持续发展的概念是一致的,即文化和人类因素构成的第四个支柱是可持续性转型的一个关键维度。

人类层面是指人类如何与城市系统互动并对城市问题做出响应,它在研究的应用中起着至关重要的作用。因为理论研究通常为某些具有广泛现实意义的问题提供一个一般模型,它往往会带来对现实的过度简化和扭曲(McGuire, 1981)。对城市发展问题的研究是常规的,但人类如何应对这些问题的研究仍然有限。从可持续发展的角度来看,最好能制定决策策略,积极吸引相关利益群体的人文因素,从而将他们的行动和对未来的愿望考虑在内。正如国际人类-自然耦合系统研究网络(CHANS-Net)的主要研究人员 Liu 等(2007)所认为的,可持续性革命不仅需要新的科学和技术,还需要改变人类的态度、意图和行为。本书中人类的响应包括人们对某些城市问题的看法、态度和行为,这深刻地影响着人类与环境的相互作用。

一、个人价值观、态度和行为

面向可持续发展的转型涉及政策、技术、实践、文化和科学知识的各种要素,这些要素是由行动者重现、维持和转变的(Geels, 2011)。从政策制定到个人实践,需要决策和实践的聚合行为来形成道路的转变。

亲环境行为(pro-environmental behaviour)的新研究趋势正在兴起,它强调了人类行为的重要性(Kinzig et al., 2013;Matutinović, 2012;Poortinga et al., 2004;Rhode & Ross, 2008)。环境心理学已经越来越多地参与到环境管理中,这有助于理解人类行为和环境之间的关系(Bonnes & Bonaiuto, 2002;Pol, 2002;Sapiains et al., 2016;Stokols & Altman, 1987)。图 2-8

表明，价值观、态度和行为构成了人类认知层次的三个主要组成部分，形成一个倒金字塔（Fulton et al.，1996；Rokeach，1973）。

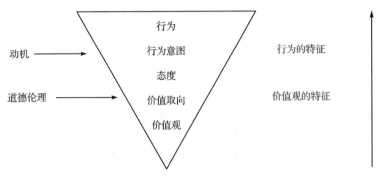

图2-8 人类行为的认知层次模型

价值观是一个抽象的概念，它反映了一种持久的信念，并建立在最初的认知基础上。它是产生态度和行为的认知层次的基础。发展价值观和环境保护价值观所带来的伦理悖论构成了关注可持续发展的主要价值观。从历史发展的角度，可持续发展价值观的过渡阶段分为经济发展、人的发展和社会发展三个阶段（Leiserowitz et al.，2006）。

态度是指对事物或情境的一种积极或消极的心理评价，它通常来源于价值观。价值观形成了态度和规范，对自然资源利用和保护的态度经历了从人类中心主义到生态中心主义的演变（Gagnon Thompson & Barton，1994；Steel et al.，1994）。对未来福祉和生态中心价值观的悲观预期会促进亲环境行为（N. Kaida & K. Kaida，2016）。此外，除了对环境问题的理解外，人们对情绪稳定的内在心理需求也会强烈影响他们的亲环境行为（Sapiains et al.，2015）。

行为反映了具体的决定和行动，它被认为是价值观和态度的结果。行为通常落后于价值观和态度，尤其是集体行动。个人和集体行为对可持续发展都至关重要，它们通常相互支持，并通过创造积极的反馈来促进社会转型。可持续发展的价值观和态度已经达到相对成熟的阶段，而在将价值观和态度转化为行为方面仍然面临差距和障碍，因为所有行为的运作都受到来自社会许多方面的一系列变数的影响，例如文化、习俗和个人观念。Leiserowitz等（2006）总结："人类被迫有意识或无意识地在相互竞争的价值观之间做出选择。个人和社会可能一致支持抽象的价值观，例如，经济增长、安全、自由和环境保护,但在具体决策领域,这些价值观往往是不匹配的,必须做出权衡。"

值得注意的是,可持续发展的态度和相关行为之间往往存在差距,这意味着改变态度、积极行动和消除障碍,对促进可持续发展的转型至关重要。

二、人与环境的交互作用

在发现人类如何改变和适应城市环境的领域中,人类与环境的相互作用已经成为揭示城市复杂社会生态系统动态的重要问题。这一概念将城市视为一个耦合的人类和自然系统(Coupled Human and Natural Systems,CHANS)(Liu et al.,2007)。它强调了在城市可持续发展中整合人、建筑环境和自然环境这些相互关联的组成部分的重要性。通过这样一个整体的视角,可以全面地理解城市系统中这三个组成部分之间的相互作用。这对在地方层面探索多层次的城市社会系统特别有意义,也是城市可持续性的本质部分之一。

研究人与自然系统之间的反馈回路是研究人与环境相互作用的主要方法。由于城市中复杂的经济活动和背景社会因素,这一关系在城市系统中显得更为复杂。从环境问题开始,城市环境管理不仅仅是一个环境问题,它已经发展为社会问题。越来越多的人认为,人类的干预在改变城市自然系统和促进可持续发展方面起着关键作用(Ernstson et al.,2010;Laganier,2012;Schewenius et al.,2014)。然而,关于城市系统响应的人类维度的研究仍然较少,并且在政策制定和实施中的参与度也较低。因此,迫切需要了解在城市社会系统中,人类如何对城市问题做出响应和互动。

城市中不同群体和人群的动机和反应是多种多样的,有时甚至是相互矛盾的。他们的混合和平衡最终将影响城市发展。城市中主要的利益集团影响着城市发展的进程:公共当局、追求利润的开发商以及"自愿"组织、团体和个人(Ambrose,1994)。这些要素之间的活动和互动,深刻地影响着城市社会系统的运作。正如美国城市设计师 Barnett(1982)所述:"今天的城市不是一个意外……它是许多单一的、独立的决定下的产物,这些决定之间的相互关系和副作用并没有得到充分的考虑。城市是由工程师、测量师、律师和投资者决定的,每个人都出于理性的原因做出了单独的、理性的决定……"

三、公众参与环境管理

在追求某些目标的过程中,地方行动者常常因为对个人利益的关注而偏离具体社会项目的初衷。与中央政府层面的政策和决策相比,项目实施的成功更依赖于地方实施层面的个人行动(Camagni et al.,1998;Hjern,1982)。因而,城市可持续发展具有很强的地方依赖性(Pow & Neo,2013)。

在规划和实施举措方面,公众的积极参与对环境管理至关重要。Giddings等(2005)认为,人需要成为城市的焦点,实现可持续的城市系统是一项重大承诺,需要人们的大力支持。Bookchin(1995)强调,公民权的削弱将是城市的终结,他呼吁对公众参与决策进行创新,重新确认公民权和根深蒂固的民主。在中国,尽管公众参与的重要性已经得到承认,但公众意见还没有被有效地正式纳入地方环境治理中。

公众参与通过加强利益相关者之间的互动,在促进有效和负责任的决策方面发挥着重要作用(Li et al.,2012;Zhong & Mol,2008)。鼓励公众参与的原因来自道德、政治和知识价值的考虑,其中知识贡献的价值最为重要,即通过询问和学习城市生活的"底层"来处理地方环境和社会问题(Andersson,2008)。有观点认为,倾听和学习公众的意见对于实现更多样化和更广泛的合作和决策至关重要(Guy & Marvin,2007;Harder et al.,2013)。本研究试图通过理解社会系统的表现形式来建立公众参与的基础。

第四节 城市可持续性

在寻求可持续的城市未来时,城市可持续性或可持续城市的概念已经发展成为可持续发展的一个重要部分,因为城市被认为既是可持续性的挑战,也是可持续性的机会(Angelo & Wachsmuth,2020;Weinstein,2010)。城市改变其发展模式以实现可持续发展的一个关键的论据是,人类及其城市系统对自然环境的依赖性既是源又是汇（Ascione et al.，2011；Tidball & Stedman，2013）。如果不控制对自然资源的开采，自然资源将枯竭，无法为城市系统不断增长的需求提供资源。同时，自然环境的污染处置能力也会被超越。这些变化的直接后果可能是人类福祉的下降。由于人类的社会经济活动和城市的资源环境动态密切相关，城市可持续性的概念已经发展成为一个跨学科领域，涉及社会和道德因素、技术能力以及将知识转化为行动的政治和文化因素。

城市可持续性是一个多维度的概念。20世纪60年代，Friedmann（1966）提出，城市化应该意味着发展的重点是提升城市功能、历史和文化遗产，引导城市化进程朝着合理的增长速度和规模发展。2002年，联合国宣布，可持续发展的城市必须在经济上可行，在社会上公平，并有助于保护所有物种的环境（sustainable cities must be economically viable, socially equitable and contribute to the environmental protection of all species）。城市可持续发展的概念要求在环境承载力范围内，以对子孙后代负责的方式，对城市发展和城市资源进行系统的管理（Wong & Yuen，2011）。Willis（2005）将城市可持续性的具体因素确定为"人、建筑、污染、城市形态、交通、通信、立法和公共投资（people, buildings, pollution, urban form, transport, communication, legislation, and public investment）"。张润君（2006）将城市可持续性定义为城市结构和功能的不断改善，向城市可持续发展的过渡必须考虑这些因素的相互作用和演变，并将它们融合到一个系统的管理系统中，以解决可持续发展的挑战。

许多研究都试图通过解决环境、经济和社会问题来应对城市可持续性的挑战。城市生态学和相关概念已经被提出，以研究城市可持续性的生态环境方面或生物物理层面。近年来，越来越多的研究人员将注意力转移到城市可持续性的社会方面（Anđelka，2012；Cloutier et al.，2014；Colantonio，2010；Dempsey et al.，2011）。鉴于城市可持续性的跨学科性质，城市可持续性的概念方法现在通常包含了资源环境和社会经济两个部分。许多研究致力于推动城市向基于可持续性、适应性和恢复力框架的转型（Childers et al.，2014；McCormick et al.，2013；Nevens et al.，2013；Stossel et al.，2015）。同时，与城市系统互动的人类行动和倡议的重要性也得到了强调。因此，寻找城市可持续性的解决方案需要更多地考虑社会因素及其实际应用（Chan & Siu，

2015; Colantonio & Dixon, 2011; Peter, 2021; Weinstein, 2010)。

尽管对促进城市可持续性的认识和研究有所增加，但由于城市系统的复杂性、治理和规划的不足以及将想法系统地落实到行动的薄弱路径，能够决定性地实现城市可持续发展的有效举措和结构转型很少（McCormick et al., 2013; Mutisya & Yarime, 2014; Rode & Burdett, 2011; Ryan, 2013）。有效的城市管理、规划及其相关政策已经被认为是实现可持续性目标的重要途径（M. J. Lee & D. E. Lee, 2014; Lenssen et al., 2014; Puchol-Salort et al., 2021; Shipp, 2015; Smedby & Neij, 2013）。然而，信息和经验的缺乏通常会导致城市规划和管理的低效率（Measham et al., 2011），这突出了在城市管理决策中涉及基于现实环境的深入分析和公众参与的价值（Maiello et al., 2013; Portney & Berry, 2010; van Stigt et al., 2013; Wamsler, 2015; 孙蔓, 2020）。

许多方法和技术已被应用于城市可持续发展研究中，这有助于了解城市系统和城市转型的多维创新，这些方法可以大致归类为以下几种：制定概念框架，从特定或多个维度促进城市可持续发展（Camagni et al., 1998; Elzen et al., 2004; Hellström et al., 2000; Mutisya & Yarime, 2014; Sun, 2000; 刘志丹 等, 2012）；使用多种生态环境指标和复合模型来理解和评估城市物质系统运作（Huang & Hsu, 2003; Liao et al., 2012; Xu & Zhang, 2007; 璩路路 等, 2017; 汪中华 & 侯丹丹, 2023）；从不同的角度衡量和评价城市可持续发展，用不同的指标赋予不同的"重要性"，创新评价城市可持续性的方式（Chang et al., 2020; Turcu, 2013; 崔丹 等, 2021）；通过研究关于可持续性转型的机构、政策和集体行动，探索社会和机制转型背景下的城市管理和创新模式（Béal & Pinson, 2015; Beck & Conti, 2021; Nevens et al., 2013; Wamsler, 2015; 张继飞 等, 2022; 张文忠 & 余建辉, 2023）。

尽管相关研究已取得显著进展，但在系统地推进城市可持续发展转型方面仍有不足，这种转型需要将复杂的城市系统分析与对可持续发展挑战的决策响应结合起来。特别是在当地文化背景下，对城市可持续性的社会层面的研究以及对人类与城市系统之间互动的探索是有所欠缺的。因此，本研究试图将综合分析与行动导向相结合，其研究的重点和贡献是促进对城市复杂系统的系统性理解，为城市可持续性的研究和行动提供结构性转变，并将可持续发展目标与现实战略联系起来。

第五节　资源型城市可持续发展

关于资源型城市的研究始于 20 世纪初,基于资源型城市在产业开发中快速增长而因资源枯竭而快速没落的特征和资源型城市发展的周期理论,可持续发展成为资源型城市研究的主导方向。在理论方面,主要围绕资源型城市发展的生命周期理论,关注资源的可持续利用与开发、产业结构、社会结构和城市功能转型等内容的研究;在实践应用层面,围绕资源型城市的可持续发展和转型的现状、难点和路径开展系列研究。

目前关于资源型城市系统方面的研究多基于人地关系和人地系统的复杂性思考,关注城市发展与生态环境间的约束与协调耦合机制,多种资源环境要素在城市系统中发挥的作用,以及相关经济、社会、环境系统问题的识别(黄金川 & 方创琳,2003;王国霞 & 刘婷,2017)。现有关于资源型城市人地系统的模拟研究多以城市新陈代谢系统为基础(Ferrão & Fernandez, 2013; Thomson & Newman, 2018),选取特定指标,反映城市中物质资源使用强度、生态环境压力、经济产出效率、资源依赖度等情况,开展资源型城市物质生态系统的模拟、评价、预测和调控。相关研究方法和角度各有不同,如广泛应用的生态足迹法(陈晨 & 夏显力,2012;汪中华 & 侯丹丹,2023;臧淑英 等,2006)、物质流法(Li et al., 2016a;李虹 等,2015)、数据包络分析(DEA)方法(郭存芝 等,2016;孙威 & 董冠鹏,2010;张丽家,2022)、能值分析方法(璩路路 等,2017)、生命周期视角等(黄寰 等,2020;毛蒋兴 & 何邕健,2008;朱爱琴 等,2013)。

现有研究在模拟资源型城市系统方面提供了丰富的方法和成果,但也存在一定的不足。普遍的问题在于,大部分研究只关注于物质在特定区域内的流动特征和转化效率,或是引入经济指标后导致资源环境的代价一定程度上被经济发展等指标所掩盖,这与避免以资源环境为代价换取经济发展的可持续发展初衷存在一定偏差(郭存芝 等,2016)。同时,城市系统是物质生态系统(硬系统)和人类社会系统(软系统)交互的基于整体认知、层序结构和压力调整为结构的循环回路系统（金涛，2016）。研究城市系统的可持续性，需要强调对象维度、主体维度和过程维度的全过程管理（诸大建，2016）。当前对资源型城市系统的分析和评价通常忽视了城市是一个以人类活动为中心的社会-经济-自然复合生态系统，研究社会人文要素与资源环境要素相互作用的过程和机理尚有待完善。

当前国内研究也逐渐关注人地耦合系统领域中人类主体视角的研究。人地关系是一个开放的复杂系统，需将人类主体响应纳入地表生态环境变化的研究中，关注人类主体行为决策在人地系统变化中的重要作用（翟瑞雪 & 戴尔阜，2017；陆大道，2002）。近年来，主体感知和行为理论在城市居民与城市系统的交互作用研究中也逐渐被采用，有助于深刻理解城市中主客体关系的作用结构和机理。行为主体可以对资源型城市的发展路径产生积极的干预，防止资源型城市陷入路径依赖，同时推动路径创造。相关研究逐渐引入主体研究范式描述、分析和解释城市多元主体和城市系统的结构关系、整合"对象-主体-过程"研究的理论模型（范冰雄 等，2018；王玉娟 等，2018；诸大建，2016）。当前，已有较多研究关注人类活动对城市物质生态系统的作用（驱动），但较少关注人类主体对城市物质生态系统演变过程的反馈（响应），因此，面临资源型城市转型的迫切需求，人类活动与资源型城市系统运作及转型的相互作用，有待进一步研究。

可持续性转型是一个非线性多层次的动态均衡转变过程，通过科技、制度、生态三大途径实现较大尺度的社会转型（Loorbach et al.，2017）。国外学者关注以人类活动为主导的城市社会经济系统对资源型城市转型的影响，总结出了诸多资源型城市可持续发展的原则、标准和策略（Caron et al.，2016），强调提高城市的适应和转型能力，建立有弹性的城市社会生态系统（Li et al.，2019；Schewenius et al.，2014；Yang et al.，2019）。国内相关研究主要集中在从经济、社会、资源、环境等综合视角，构建复杂指标体系，从资源型城市可持续发展、高质量发展、转型阶段识别、转型协调度、效果或效率等方面进行测度评价（陈妍 & 梅林，2018；崔丹 等，2021；李汝资 等，2016；谭俊涛 等，2020；王晓楠 & 孙威，2020）；从资源型城市转型的路径出发，研究资源型城市的演化特征、路径依赖与路径创造、制度与策略、政府角色等方面的影响因素和转型对策（杜辉，2013；苗长虹 等，2018；张文忠 等，2014；张友祥 等，2012；朱琳，2018）。当前我国大多数资源型城市的经济发展仍未能摆脱资源依赖的发展路径，推动资源型城市可持续、高质量发展的要素集聚偏弱，资源型城市的内、外部均面临着巨大的压力（邵帅 等，2021；吴康 等，2023）。资源型城市亟须建立多元支撑的产业体系，促进循环经济和低碳转型，激发内生发展动力，提高民生福祉（张文忠，2022）。与此同时，不同类型不同区域资源型城市的转型路径和效果差异显著，"资源诅咒"效应是否存在，其传导机制如何，在不同资源型城市中呈现不同规律，并与当地的社会经济环境存在一定的联系（黄悦 等，2013；王嘉懿 & 崔娜娜，2018）。因此，资源型城市的转型需要根植于更深层次的社会系统中，发挥城市内在的多元功能，根据不同资源类型和区域特征，综合考虑自然经济和社会人文要素，采取包容性和差异化的城市转型策略和路径（蔡世刚，2017；焦华富 & 许吉黎，2016；孙浩进，2014；张文忠 等，2017）。

第六节　中国城市发展与转型

我国的发展和治理与我们的文化背景是一致的，它反映了中国人民处理人与自然关系、人际关系和公共管理的方式。新中国成立以来的执政理念转型对我国今天的发展产生了重大影响。在过去的几十年中，我国的经济一直在以惊人的速度增长，然而，由于经济结构转型，增长率逐渐下降。我国的经济对自然资源提出了巨大的需求，这导致了快速城市化进程中城市地区的一系列环境和社会问题（Economy，2005；Li et al.，2014；Xiang et al.，2011）。尽管我国已经积极提高了能源利用效率，并采取了保护环境的措施，但仍然面临着缓解环境压力和保持经济发展的双重任务。

一、我国的发展路径

政策通常被认为是指导社会控制、工业发展、人口迁移和城市发展的主要手段。自20世纪80年代以来，我国进行了经济体制改革，为城市发展提供了巨大的机遇。伴随着广泛的工业化和现代化，出现了最重要的城市增长期。现代城市中蓬勃发展的城市化已经成为我国进步的标志。

在过去的40多年里，我国的经济增长比工业革命时期的欧洲和19世纪西部开放时的美国还要快（Arora & Vamvakidis，2011）。这种快速增长的原因在于人力和物质资本的积累（Barro，2001；Knight et al.，2011；Lucas，1988）。我国的经济高度依赖自然资源，尤其是那些由国有企业主导的工业部门所需的资源。环境问题因快速的城市化和工业化而加剧，在很长一段时间内仍将是个关键问题。我国的城市经济一直遵循高投入、高使用、高排放的线性增长模式（Bai et al.，2012；Naughton，2007），加剧了城市环境的压力，给城市居民的福利和城市的可持续发展带来了巨大的挑战。

我国的工业化道路集中在将经济资源从农业部门转移到工业部门，优先考虑工业部门的重工业增长。虽然工业化在短时间内形成了相对完整的工业体系，但也带来了大量的垃圾、高度污染的环境和滞后的城市基础设施，并且拉大了城市和农村的差距。同时，空气污染已经成为大多数工业城市的严重问题，有些城市的空气污染程度超过世界卫生组织（WHO）提出的空气质量标准的10倍以上。我国的二氧化硫排放量位居世界第一，碳排放量位居世界第二，90%流经城市的河流受到不同程度的污染，三分之一的城市受到多源的严重污染（Chen et al.，2013；Gong et al.，2012；Kong et al.，2022）。

为应对环境挑战，我国已采取措施，将循环经济、绿色经济、生态经济等思想纳入诸多政策和战略，以实现资源的高效利用和节能减排，这与我国加强对减少污染和促进清洁生产的承诺是一致的。随着我国国内生产总值（GDP）增长率在最近十几年中的放缓，资源密集度将在经济增长的构成中降低，消费在GDP中的份额将因此而上升。同时，我国也在试图保持经济的持续增长，同时减少对生态环境的影响，这种转变也为政策制定和投资分配提供了一个有利的社会政治环境，使之朝着可持续发展的方向发展。因此，在我国，有可能经济发展对环境的影响比环境库兹涅茨曲线（Environmental Kuznets Curve，EKC）所假设的环境退化程度要轻（Kuznets，1955，1968）。环境库兹涅茨曲线的四种不同情景如图2-9所示。我国的环境库兹涅茨曲线之路将取决于政治和公众压力，以及为改善城市化和生态环境之间的互动关系所做出的努力。

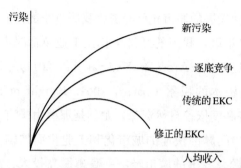

图 2-9 环境库兹涅茨曲线（EKC）的不同情景

我国经济已由高速增长转向高质量发展阶段，旨在实现以满足人民日益增长的美好生活需要为目标的高效率、公平和绿色可持续的发展（张军扩等，2019）。高质量发展的主要特征有数量与质量并重、结构升级、创新驱动、绿色发展和共同富裕（王一鸣，2020）。党的十九大报告指出，经过长期努力，中国特色社会主义进入了新时代。高质量发展是我国进入新时代，适应社会主要矛盾变化的战略选择，是面临新机遇新挑战，推动国家新发展格局的重要路径。

二、我国的城市化

经济增长、城市化和工业化的进程一直在同步发展和演变，彼此之间有着密不可分的关系。我国在过去几十年中经历了快速的城市化，截至 2022 年，我国的城市化率已超过 65%，且城市化的进程仍在继续。1999 至 2022 年的数据显示，我国的城市化进程和经济增长进程密切相关，具有较高的正相关性（图 2-10）。

我国的城市化，既是社会经济发展的自然结果，亦在很大程度上受到政策引导。20 世纪 50 年代初，我国中央人民政府专注于农村战略，城市并没有得到社会和经济政策的青睐。1978 年实行改革开放政策，我国将经济发展的注意力转向城市地区，城市获得了许多政策的优先权，并在城市化方面取得了快速进展。从那时起，我国社会从一个农业农村基地转变为一个工业城市基地。从 20 世纪 80 年代开始，根据"控制大城市规模，合理发展中等城市，积极发展小城市"的政策，许多乡镇和县城升级为城市，城市数量显著增多。20 世纪 90 年代中期以来，我国的城市化进程进一步加快。地方政府参与调动

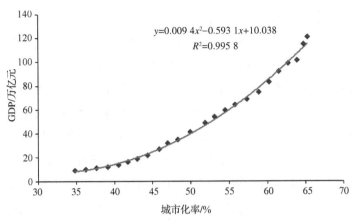

图 2-10 我国城市化率与经济发展的关系

资源发展城市，以加强其基于城市的地方权力（Hsing，2010）。更多的人被吸引到城市地区以获得更好的生活福利。因此，城市人口控制成为许多大城市的关键问题，相关政策相继出台，通过农村—城市移民控制和户籍制度来管理城市化。需要注意的是，城市人口的统计数据是有争议的，原因有三点：城市地理边界的延伸、城市地区未计算的临时流动人口，以及一些统计上的缺陷（Fan & Qi，2010；Zhou & Ma，2005）。因此，实际的城市人口通常比统计的人口要多。

在我国的城市发展过程中，工业城市的崛起为我国的经济发展做出了巨大贡献。同时，它们也大大增加了自然资源的消耗，造成了严重的环境污染。我国西北地区的工业城市正处在一个艰难的十字路口，一方面，它们努力开发当地的资源，以提高当地居民的物质生活水平；另一方面，工业生产带来的污染给当地居民的身心健康带来了不同程度的危害。此外，有限的自然资源对工业城市的进一步经济扩张构成了严峻挑战。在当前严重依赖自然资源的发展路径下，工业城市的传统线性经济发展模式将无法持续，将传统的发展模式转变为可持续发展模式是必然的选择。

三、城市环境治理体系

我国的"十二五"规划体现了中央对环境问题的认识，提出了优先考虑环境保护和可持续发展。我国政府连续制定了宏大的环境保护目标，并规范其经济发展模式，以环境友好的方式实现可持续增长，减少对环境的负面影响。习近平同志在十九大报告中指出，加快生态文明体制改革，建设美丽中国。生态文明建设，就是保护自然的生态文明理念，走可持续发展道路。在这一指导意见的激励下，各城市做出了积极的政策响应。

自上而下的环境治理体系是环境决策、监管和监督的基本结构，这与等级政治体制是一致的。一般来说，政治集权和政府组织框架决定了环境问题的解决过程（Beeton & Lynch，2012）。据此，各级政府对其管辖区域内的生态环境质量负责。多级生态环境部门隶属于同级政府并由其管理，同时也对上级政府负责。下级政府必须达到中央和上级政府制定的总体生态环境目标。地方政府和生态环境部门共同致力于解决具体的区域生态环境问题（图2-11）。此外，地方生态环境部门在行政人事管理和财政资源分配方面主要受地方政府的影响，因此，地方生态环境部门的表现在很大程度上取决于地方政府在当地生态环境问题上的决策。

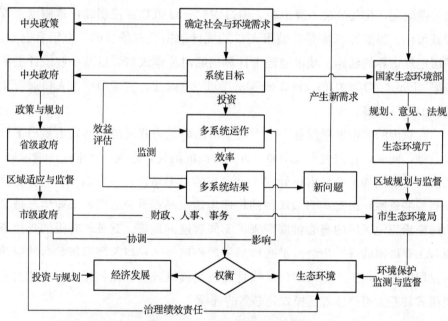

图2-11 多层级环境治理体系

四、工业城市转型

我国的经济以工业部门为主导，经过几十年的发展，我国被认为是世界的工业车间。1978年，我国进入了工业革命的道路，其中体制改革和结构改革是两个主要组成部分。体制改革的重点是从计划经济向市场经济的过渡，我国工业的所有权和管理权发生了巨大的变化。与产业重塑和升级相关的结构性变化涉及产业部门之间的合作，以及通过更好的规划来优化产业空间布局。

在我国，国有企业（SOEs）是工业产出的主要来源。自工业革命以来，尽管大型国有企业仍占主导地位，但乡镇企业（TVEs）和多样化的所有制形式（包括个体、私营和混合所有制）开始出现，并逐渐在我国工业的发展中发挥重要作用。此外，工业结构也从基本的工业物质依赖和低效率的模式，转变为相对高技术和可持续性的先进模式。

工业城市的转型与工业革命密切相关。作为一个工业化、城市化和现代化进程相互作用、相互支持的工业城市，城市产业的规模和结构、主导产业、核心功能及其对城市系统的影响呈现出一个动态的时空演变过程。在工业化的早期阶段，城市的生产和经济功能是最为重要的，这导致了城市为了扩大生产而不断扩张。经济的繁荣亦带来了人们观念和日常生活的改变。在这个阶段，工业生产是城市活动的中心，它是经济增长和社会发展的源泉。在工业化后期阶段，城市功能的重点已经转向财富分配和提高人们的生活质量。同时，工业化的弊端和问题也暴露出来，人们把注意力集中在资源枯竭、环境污染、社会分化和城市盲目扩张上。在工业城市的转型过程中，沿海和东部城市由于经济水平相对较高，以及在吸引外资、贸易和技术方面的优势，取得了很大的成功，而我国西北地区的工业城市转型仍主要依靠国家政策和自身城市功能的完善。

从可持续发展的角度看，重构工业城市的着力点是重新建立城市与自然环境的关系，通过促进产业升级、部门协调和技术创新，实现产业转型的复兴。发展循环经济，提高资源利用效率，通过发展现代服务经济和环境保护保持城市社会活力和生态功能。推动社会各阶层参与决策，让更多城市居民的生活质量得到提高。总而言之，成功的城市转型既有利于可持续的经济增长，也有利于社会公平和人类福祉。

五、城市可持续发展路径

我国迫切需要实施可持续发展战略，并进行彻底的变革，以解决城市可持续发展中的挑战。近几十年来，相关研究蓬勃发展。许多学者将生态学与可持续性联系起来（Guo et al.，2021；Nassauer et al.，2014；Wu，2014）。一些学者讨论了建筑环境和建设在促进城市可持续性方面的作用（Chiu，2012；Fang et al.，2021；Huang & Yin，2015）。能源和技术的表现也被认为是可持续性的重要方面（Gatto et al.，2023；Jiang et al.，2014；Zhao & Guo，2015）。然而，这些研究结果大多不能有效地应用于城市规划和决策。因此，有必要将战略环境评估、城市规划和生态规划结合起来，以通过多重约束机制提高战略实施的有效性。

根据世界的发展趋势，为了解决快速城市化带来的影响，我国有希望在未来逐步改善环境，实现城市的可持续性。我国政府态度的变化要求对过去几十年的城市发展思想进行根本的转变。这些转变可以归纳为以下几点：

◎发展方式从优先发展，到协调和全面的规划和管理；

◎发展模式从外延式发展，到创新、协调、绿色、开放、共享式发展；

◎处理城乡关系从城乡分割、优先发展城市地区，到乡村振兴、城乡一体化、城乡融合发展；

◎发展思想从以物为本，到以人为本、人与自然和谐相处的生态文明思想，到绿水青山就是金山银山的发展与保护协同共生思想，再到高质量发展以及可持续发展。

我国环境社会问题的挑战需要强有力的政策干预，以成功过渡到可持续城市发展。鉴于我国的变化速度，不可能迅速地大幅改变环境状况，也不可能逃避城市发展带来的环境影响。在过去的近20年中，我国的环境投资大幅增加，但仍然慢于工业产值的增长，并且缺乏多种来源的资金支持。最关键的挑战是环境保护和经济增长之间的权衡。许多政策和法规需要细化和本土化。建设可持续发展城市中的失败案例，多源于制度规划与地方实施的不匹配，例如，上海崇明东滩生态城项目，这座理想的绿色乌托邦之城已成泡影。

我国在促进可持续城市发展方面有着独特的方式，主要的途径是在城市层面上发展城市模式。生态城市的概念最初于20世纪80年代在我国城市提出，但由于规划和投资方面的缺陷，它缺乏一个明确的框架和有效的实践。自20世纪90年代以来，国家环境保护局（现生态环境部）推动了与地方社区和研究机构建立生态示范区的运动，表彰了7批共528个城市和地区为国家级生态示范区。

近几十年里，我国采用了各种可持续城市模式的概念。这些概念涵盖了环境保护、能源效率、温室气体（GHG）排放和绿色出行等不同的方面，但城市可持续发展一直是一个永恒的主题。例如，生态城市强调增加绿色空间和景观设计，环境保护示范城市旨在提升环境保护与经济增长相一致的重要性。许多引人注目的城市模式试点项目已经被开发出来，例如天津中新生态城、唐山曹妃甸国际生态城和深圳中荷国际低碳城。虽然一些实践由于缺乏有效的操作方法而失败，但这些城市模式的建设举措，为识别现有障碍和与其他城市分享经验提供了理论和实践经验。同时，为了鼓励地方政府采用这些概念，找到城市再生的解决方案，我国亦建立了相应的奖励机制，以表彰在可持续发展城市推广方面取得卓越进展的城市。

为了鼓励地方政府和城市居民积极向可持续发展转型，我国在2007年党的十七大报告中提出了"建设生态文明"的概念，再次强调了尊重和维持自然的理念。这一概念作为人类文明的新阶段，在2012年被纳入中华人民共和国宪法。这旨在进一步加强决策中的环境考虑，并促进公众参与日常生态环境保护活动。

第七节　本章小结

成功的城市转型既有利于可持续的经济增长和环境改善，也有利于人类的福祉。将城市转向可持续发展的焦点是重新建立城市与自然生态环境之间的关系，并通过对城市社会系统的深入调查来激励城市转型。迄今为止的研究已经从理论、模型、方法和管理理念等不同方面对城市可持续性领域做出了贡献。然而，现有的研究仍然存在不足，需要进一步研究。

首先，现有的整体知识和理论体系在城市系统的理解和城市可持续发展的转变方面缺乏一个整体的、被广泛接受的操作模式。迄今为止的研究大多集中在对城市物质系统的理解上，然而，基本的社会方面往往被忽视了。对城市系统进行系统性理解的研究体系和方法并不完整。在社会化的城市环境中实现一个可持续的城市系统，需要结合自然和社会因素来建立一个城市系统模型。同时，需要特别关注对不同文化背景下的社会系统的理解。因此，本书特别强调在对城市系统和城市可持续发展更广泛的理解基础上，促进城市可持续发展转型的可能途径。

其次，需要进一步加强对不同类型的城市系统和城市动态系统的研究。城市发展是一个动态的变化过程，城市系统的发展既取决于自然演变，也取决于人为塑造。没有两个城市系统是完全相同的，每个城市系统都有区别于其他城市系统的特殊性。目前的文献中的案例研究通常没有认识到不同类型的城市系统的独特特征，且忽略了城市动态变化。在过去的几十年里，我国出现了大量的工业城市，但对这些城市的研究较少。因此，为了改进和完善城市系统，进一步的研究应该密切关注特定类型的城市系统所特有的城市动态变化。本书将以我国西北部的资源型城市金昌市为例进行研究，旨在为其他资源型、工业城市向可持续发展城市的转型提供借鉴。

再次，目前的研究大多集中在理论层面，强调对城市系统的自然资源、环境和经济方面的回顾性评价或观察，然而对文化、治理和人类行为结合的研究却较少。大量关于城市环境管理的研究都局限于现状问题分析，再基于改善城市管理的愿望提出一些普遍适用的建议。然而，许多研究忽略了城市各自的地方情况，也没有考虑到在地方发展方向、文化和习俗的背景下如何有效地执行这些城市环境管理策略。因此，本研究试图在考虑当地的文化和公众反应的情况下，了解我国文化和政策如何影响我国的现代环境管理，以及如何在公众调查的基础上更好地理解并解决当地的现实问题。

最后，城市管理策略和城市可持续发展的实施路径尚不明确，特别是多层次的决策机制和公众参与模式没有明确界定。因此，需要进一步研究建立全面可行的公众参与机制，整合自上而下和自下而上的决策方式，通过规划引导和公众参与模式，促进城市系统向可持续发展转型。因此，本书特别强调了公众参与对理解城市社会系统和促进信息化城市管理的重要性。

第三章

中国文化视角下的可持续发展
Sustainability from a Chinese Cultural Perspective

面向可持续发展的转型已经成为一个社会框架，正在影响着世界各地的发展。在人类与环境关系的背景下，自然（和超自然）世界如何被国家调和变得至关重要（Riva et al.，2004）。中国深厚的政治和环境历史显示，可持续发展的思想在中国传统文化中找到了共鸣，这些思想围绕着"和谐发展"，使中国人的思维方式与发达国家的新方法相融合，以处理地方、国家和全球范围内的环境管理问题。

本章探讨了中国文化背景下可持续发展的意义，重点是中国现代治理理念中的和谐发展对环境管理的意义。中国历史上深刻的政治和环境理念围绕着和谐发展而演变，反映了中国人的思维方式，为中国的社会和环境管理提供了文化背景。追求和谐的状态不仅仅是一种文化，而且已经发展成为中国的治理思想。本章强调，对中国可持续发展的研究应以中国文化为背景，以解决未来可持续发展转型面临的挑战。

第一节 中国文化的"软实力"

文化在影响个人和集体的行动方面具有重要意义，这也是人类与自然关系的一个基本决定因素。一种方式是人类试图完全操纵自然系统，造成灾难性的后果，另一种方式是人类与自然的调解与和谐的关系。实现可持续发展，涉及从资源环境保护到文化背景下社会进步的过渡，因此，可持续发展必须在社会的意识和文化中扎根。

中国文化已经发展了几千年，并且表现出"内部整合"兼"外部适应"的特点（Pan et al.，2012；Triandis，1996）。中华文明中没有全新的文化或制度，与此相一致的是，新中国管理哲学的主旋律是以中国传统文化为核心与西方现代管理的结合。中国古代国家固有的对传统文化价值和哲学的广泛接纳，在现代以各种形式融入国家治理中。

哈佛大学教授 Joseph Nye 首创"软实力"概念，它是指一个国家的文化、价值观念、社会制度等影响其发展潜力和感召力的因素（Nye，2004）。与"硬实力"相比，"文化"作为一种"软实力"，一直被认为是中国文化发展框架中的一个核心概念。这种"软实力"被认为是"行使权力的新方式"。目前中国强调的文化发展层面，即是"软实力"的体现，是中国综合国力的一个重要部分。

在中国哲学中，"软实力"与和谐社会之间存在着密切的关系。儒家思想是两千多年来中国的主流意识形态，它主张以道德权威而非武力来统治社会。文化权力形成了中国人的价值观和与自然界相处的方式。在中国处理环境问题时，"软实力"非常重要，因为它为环境管理提供了文化上可接受的辅助手段，并将其置于公众可接受的中国文化背景中。

第二节 中国可持续发展思想：和谐观

从外部的角度来看，中国文化一直保持着自己的独立性，并抵制了伴随全球化而来的大部分西方化。中国古代的"和谐"哲学反映出当代中国社会和文化的理想基础，也是理解可持续发展的基础。虽然它的部分思想对中国的社会结构和治理体系造成了一些负面影响，比如"关系"这种复杂的人际关系，但和谐思想一直体现出中国人看待人与自然的关系。

一、中国传统哲学思想

中国传统哲学包含"和""德""礼"和"仁"等规范，涵盖了从国家治理到自我修养，从理论建设到经验实践，从宏观的人与自然的整体观到个人活动领域的能动性。所有这些哲学融合在一起，形成了中国社会的特征。

儒（Confucianism）、道（Taoism）、佛（Buddhism）三大哲学体系并存，相互传承、相互尊重。儒家思想创立于战国时期，其思想中的道德教育、自我修养、组织管理、世界整体管理等内容，对中国文化、社会进步和管理哲学产生了重大影响（Lin & Chi, 2007）。人与自然和谐相处的思想是儒家生态观的基础，其提倡珍爱生命、善待万物、尊重自然规律、合理利用自然资源的思想。道教用"天道（law of nature）"的思想来描述宇宙的起源、形态和变化。道教认为所有的生物都来自自然，主张"顺其自然（follow the nature）"和"无为（no-action）"。佛教自汉代在中国发展起来，包含了丰富的生态伦理思想，其基本思想集中在"整体观、无我论、生命观、净土观以及日常的生态实践"。

自汉代以来，儒家和新儒家传统一直主导着中国的传统文化，这可以追溯到当前中国人的政治和经济生活。与儒家的仁政和道家的直觉发展相反，法家思想是中国古典治理思想的代表，强调以强有力的规则打击违规行为（Schafer, 1967; 钱锦宇, 2015）。通常情况下，这种方法伴随着戏剧性的变化，这种变化并不频繁，但具有历史意义。

二、中国文化中的"和"精神

中国传统文化倡导"以和为贵""和而不同"。中国文化中的"和谐"一词来自"和"，有温和、协调、调和的意思。"和谐"代表着多样性中的统一，是不同观点有序而有活力地存在一起的发展状态（朱铁臻, 2010）。儒家重视和谐高于一切，认为和谐是解决冲突的最理想方式，也有以最低成本找到合适方式解决问题的思想。中国传统文化的基本精神可以概括为"和与中""崇德利用""天人协调""融和自在"（张岱年, 2003）。

《易经》通过倡导普遍和平与和谐关系，被人们广泛接受，并给和谐文化带来了巨大的启示。它鼓励人们逐步培养一种和谐的精神状态，坚持一种美德，创造一种和谐的政治局面，并保持一种与自然和谐的生活环境。在《易经》中，有一些与和谐思想有关的思想集合，其中包括：从宇宙的角度来看，"阴阳之谓道"的诚信与和谐思想；从治理的角度看，和谐的最高理想"和而不偏"，包括官员和公众之间的人际关系和谐；从个人主动性的角度看，"自强不息"的身心和谐（戴永新, 2006; 刘玉平, 2004）。

三、人类与自然的关系

人与自然的关系和民族间的社会关系是人类发展的文化性的两种基本关系（Rogof, 2003）。儒家、道家和阴阳家的哲学在看待人与自然的关系方面有着丰富的哲学思想，包括人与自然的关联、知识与道德的结合、普遍规律与知识规范的统一、"必然"原则与"应然"判断的结合等（赵馥洁，2009）。

1. 尊重和热爱自然

对自然价值的热爱和尊重蕴含在许多传统的伦理影响中。儒家思想指出"智者乐水，仁者乐山"。水的特点意味着连续性、平等、礼貌和了解自己的命运，而山则代表接受所有的事物，教导人们向自然学习。一方面，孔子主张"知其然"，意思是人类应该了解和掌握控制所有生物发展的各种规则。另一方面，人类应该"尊重自然的规律"。这种尊重并不像宗教崇拜，而是学习人类对自然的累积经验。从这个角度来看，人类对待自然界，应该首先了解，然后尊重（蒙培元，2019）。同样，另一位著名的儒家学者荀子，也以自然主义的思想提出了他的观点："万物各得其和以生，各得其养以成"，这是所有生物在地球上和谐生活和成长的规则（高长山，2003）。

2. 利用和保护自然

儒家思想中提到的关于和谐的许多说法，都集中在人与自然关系的数量和时间上。就数量而言，它意味着人类应该适度而不奢侈。正如孔子所说，"子钓而不纲，弋不射宿"，这种维持生物种群繁殖的概念与可持续发展的原则是一致的。荀子提出了保护资源的概念，"草木荣华滋硕之时，则斧斤不入山林"。孟子告诫人们不要过度开发资源，以保证其未来的利用，"食之以时，用之以礼，财不可胜用也"。这些古老的意识形态都主张控制人类的欲望，合理地利用自然。

3. 人与自然和谐相处

人与自然和谐相处是中国古代一个公认的概念，也是文化发展的一个基本问题。早在春秋战国时期，道家思想就建议建立人与自然的和谐关系，并指出这种共存的状态符合自然的目的和规律。古代"天人合一"的意识形态充分体现了这种关系的内涵。根据现代地理学，中国古代的"天"和"地"可以解释为"气候"和"土地"，构成了自然环境。关于人类与自然环境关系的思想，有赖于对自然环境限制性的认识，在这种限制的前提下积极适应自然环境，并追求人类与自然环境的和谐。

从儒家的观点来看，天（大气/气候）、地（环境）和人（社会）这三个互动元素统一了世界。它把人放在天和地之间，就像一座桥，连接两边。在儒家思想中，和谐是一切的基础，也是重要的伦理原则，它消除了天与地之间的差异，允许所有生物保证它们的生态权利。在此基础上，汉代名儒董仲舒（公元前179年—公元前104年）将"和谐"的含义从自然秩序提升到理想道德状态的层面，并提出"和谐是最大的美德"。

"人与自然和谐相处"的概念不仅是一种哲学思想，也是一种生态和经济思想。虽然"生态"一词没有出现在中国古代的文献中，但中国文明对生态原则的认识却源远流长。在中国哲学中，由金、木（生物体）、水、火（能量）、土（营养物质和土地）这五个基本元素（五行）组成的自然系统，通过相互支持和控制来维持生态系统的平衡。这种动态平衡被用来描述自然系统中基本现象的相互关系。同样，"阴阳平衡"的概念也描述了自然界中看似不相干或对立的力量是如何相互联系、相互独立，并反过来催生彼此的。许多自然界的二元性，例如，黑暗和光明，女性和男性，低和高，都被视为"阴阳"的表现。正如Kohn（1993）所说，"阴和阳在和谐中相互体现，并产生多方面的转变"。

中国古代关于和谐与平衡的思想在本体论和认识论的基础上确实与现代生态学和可持续发展理论不同，但它们有系统思维和进化论的共同基础。维持自然是中国哲学的基本精神，并演化为"和谐（harmony）"。和谐的哲学可以概括为将天、地、人融为一体，以与自然和他人和谐相处的思想来处理它们之间的关系，其表现形式和理解方式多种多样（图3-1）。

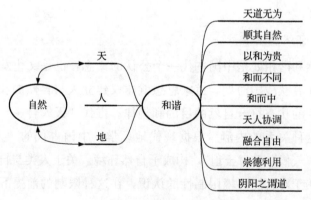

图3-1 中国传统的和谐思想

第三节 塑造中国的可持续发展

我国当代社会和现代国家治理融合了古代和谐发展的理念,特别是在过去几十年中,快速的工业化和城市化导致生态环境问题愈加尖锐。

一、和谐的制度含义

我国制度的发展将当代社会经济思想与我国传统思想联系在一起,我国古代的思想和知识与马克思列宁主义思想和西方管理哲学相融合。中国共产党的执政思想非常重视"和谐"的概念。

制度是法规和政治规则的总和,而领导力则是制度变革的关键(Lieberthal & Oksenberg, 1988),每个领导人对管理和社会控制的想法都有所不同。然而,他们都是以党内和国家的和谐为导向的。在不同阶段,对和谐的制度追求有不同的主题。胡锦涛同志提出"和谐社会"和"科学发展观",是将政策的主要目标从经济发展转变为社会发展。当前,政府以习近平同志提出的"中国梦"为主要制度准则,意在通过将每个人的具体利益与国家和民族的共同体利益联系起来,实现中华民族的伟大复兴。Rayner 和 Howlett(2009)证明了综合战略中政策要素的高层次和计划层次之间的关系。在这种解释下,每个"五年计划"都可以被视为高层次的政策指导,关闭高污染企业就是计划层面政策实施的一个例子。高层次的指导政策,如"和谐社会""和谐发展""中国梦",是连接一般概念和具体目标的原则。

二、构建可持续社会

构建和谐可持续的社会,建立在传统的儒家仁政理念基础上,是对长期以来的信仰的回归。和谐社会的主要内容包括民主与法治,公平与正义,诚信与友善,活力、稳定与秩序,以及人与自然的和谐。中国与世界银行合作,制定了"中国2030年：建设现代、和谐、创新社会"的战略，以进一步加快中国可持续未来的转型。

习近平总书记提出的"中国梦"，代表了一种希望，即实现中华民族伟大复兴。这为中国的可持续发展提供了一种新的表达方式和方法。党的十八大以来，以习近平同志为核心的党中央从中华民族永续发展的高度出发，深刻把握生态文明建设在新时代中国特色社会主义事业中的重要地位和战略意义，形成了习近平生态文明思想，为新时代我国生态文明建设提供了根本遵循和行动指南。

习近平总书记强调："生态文明是人类文明发展的历史趋势。"面对生态环境挑战，人类是一荣俱荣、一损俱损的命运共同体，没有哪个国家能独善其身。必须秉持人类命运共同体理念，同舟共济、共同努力，构筑尊崇自然、绿色发展的生态体系，积极应对气候变化，保护生物多样性，为实现全球可持续发展、建设清洁美丽世界贡献中国智慧和中国方案。

三、和谐发展对我国可持续发展的影响

可持续发展现在被广泛理解为一种全球环境哲学。然而，当它应用于各个环境时，必须与当地的条件和文化相结合。我国古代的和谐思想对实践环境保护和可持续发展有直接的意义。

在我国文化背景下，可持续发展与和谐发展有很多共同点。Li（2017）调查了我国公众对可持续发展与和谐发展的看法，结果表明，人们普遍认为两者是紧密联系、相辅相成的。和谐发展理念可以简单地理解为可持续发展的中国式迭代，但它又有明显的脉络，可以追溯到千年的历史发展。

和谐发展既考虑物质层面，也考虑精神层面。和谐发展的物质层面是指可持续发展，而精神层面则是指人际关系的和谐。从人们普遍认为的精神要求更高来看，可持续发展可以说是和谐发展的前提条件。社会和谐是可持续发展的必要条件，可以促进经济和文化的稳定发展。此外，以人为本的思想一直是中国文化的一个重要组成部分。许多传统思想都非常重视人的作用，在现代治理体系中，人的作用仍然是至关重要的，因而和谐发展更强调人们生活中的有形品质。可持续发展与和谐发展没有绝对的先后顺序，而是相伴而生、相互促进的。

四、环境管理中的可持续性适应

可持续发展的思想提出有关生态环境问题的道德界限，并以此结合知识进行环境决策和治理。为了应对当前和未来的环境问题，我国的可持续发展和环境管理已经逐步发展起来。

1983年，第二次全国环境保护会议确认环境保护是一项需要长期坚持的基本国策，并提出了预防为主、防治结合、污染者自负、加强环境管理。联合国环境与发展会议之后，制定了中国版的《21世纪议程》，将环境保护纳入国民经济和社会发展的年度和中期计划。中国版的《21世纪议程》非常重视资源的可持续利用和环境保护，并认为环境保护是可持续发展的一个必然组成部分。根据对联合国环境与发展会议的承诺，中国政府在1992年发布了"解决中国环境问题的十大措施"，第一项措施便是"实施可持续发展战略"，随后1996年制订了第一个环境保护五年计划。2004年，国家环境保护总局公布了10个污染最严重的城市的黑名单，以引起地方对城市污染的重视，并阻止他们对环境不负责任的行为。

在"十一五"规划（2006—2010年）中，我国制定了减少主要污染物排放的宏伟目标，特别强调了二氧化硫的排放。到2010年，二氧化硫的总排放量比2005年的水平下降了约14%。"十二五"规划（2011—2015年）进一步加强了削减单位GDP水和能源消耗强度的任务。"十三五"（2016—2020年）生态环境保护规划中，特别提出把生态文明建设摆在重要战略位置，加大环境治理力度，下决心走出一条经济发展和环境改善双赢之路。党的十九届五中全会将"生态文明建设实现新进步"作为"十四五"时期（2021—2025年）经济社会发展的一项主要目标，并提出"持续改善环境质量"的目标任务。"十四五"规划和2035年远景目标纲要中提出，"推动绿色发展，促进人与自然和谐共生"。坚持绿水青山就是金山银山理念，坚持尊重自然、顺应自然、保护自然，坚持节约优先、保护优先、自然恢复为主，实施可持续发展战略，完善生态文明领域统筹协调机制，构建生态文明体系，推动经济社会发展全面绿色转型，建设美丽中国。

我国的环境保护已经摒弃了以前持有的先发展、后治理污染的想法，并从被动战略演变为主动战略。发展必须包括环境规划，以同时实现经济、社会和环境效益。此外,我国一直致力于推动全国性的协调发展,南水北调工程以及东南和西北地区的协调发展都证明了这一点,不仅注重社会经济合作,而且渗透到资源协调和环境恢复领域。

当前,每一个新建、改建和改造项目都必须进行环境评估。只有符合环境要求并经政府认可的专家确认,项目才会被批准。政府将迫使污染和能源消耗严重的工厂加强环保投入,或直接关闭工厂。例如,在中国著名的化学工业城市之一的淄博市临淄区,当地政府在2010年关闭了1 000多家小工厂,二氧化硫排放量在随后的三年里急剧下降。近年来,大面积的严重雾霾让人们重新关注环境问题,许多城市开始公布日常环境监测数据。这些数据让受到污染的城市的管理者倍感压力,并促使他们做出改变。这改变了过去唯GDP为导向的做法,生态环境指标亦被纳入对地方行政官员的业绩考核中。

我国的环境管理实践证明,单纯的货币惩罚不能从根本上解决环境问题,因为它不能为控制排放提供足够的激励(Lin,2013)。因此,"十一五"规划将环境绩效与地方政府官员的尽职调查联系起来,作为地方污染控制和可持续发展的一种方法,这表示未能达到环境标准将导致责任官员受到批评或降级。2005年,当时的国家环境保护总局局长因松花江水污染事件而辞职。2006年,河北省保定市地方环境保护局局长因为对几家排污严重的造纸公司执法不严而辞职。相应地,那些成功实施环境改善的官员则得到了晋升。2012年,对"中国梦"的阐述加强了这种政策和监管的方法,这反映在2015年提出的新环保法中,该法要求,如果污染没有得到控制,官员应该辞职。在这种对官员的考核下,地方政府被置于更多的压力之下,不得不重视生态环境保护。

第四节　本章小结

　　工业化及经济的发展使社会积累了大量的财富，这种盈余至少在理论上允许社会向可持续发展转型。但对于某些发展中国家来说，可持续发展的戒律可能会挑战其国家的文化习俗。解决可持续发展问题不仅仅是一个经济和环境问题，也是一个文化问题，需要新的思维进入其中。

　　面向可持续发展的转型已经成为影响当代世界发展的一个社会框架。可持续发展是一种改进当前社会经济模式的方式，以实现更好的代内和代际发展。尽管这一概念源于西方文化，目的是缓解迫在眉睫的环境危机，但可持续发展的思想在中国传统文化中亦可找到相似的概念。

　　可持续发展的含义在特定的文化背景下有所不同。在中国，可持续发展与和谐发展二者在思想上有诸多共通之处。在中国文化背景下，可持续发展是建立在中国传统哲学基础上的一个当代变体，可以追溯到近五千年前的多种传统哲学思想的融合，这也体现出现代中国的治理体系与可持续发展的一致性。作为"软实力"的和谐发展文化在中国政府解决环境问题的方法中非常重要，因为它为监管提供了文化上可接受的辅助手段。"和谐社会""生态文明""中国梦""民族复兴"等展示了中国有关可持续发展政策的演变，以及对中国现代管理和发展的影响，反映了中国对实现可持续增长、国家富强、个人繁荣和社会稳定的渴望。

　　中国作为世界上人口最多的国家，已经从西方的经验中吸取了教训，并坚守了可持续发展的立场，将传统的和谐哲学与既定的文化实践相结合。尽管它与西方文化中固有的概念有所区别，但和谐发展正在被重新定义，成为中国社会接受可持续发展形式的一个渠道。中国的发展趋势表明，下一次革命可能是在环境治理方面，进行与在工业化中看到的相同水平的社会和经济投资。这就是带有强烈环境色彩的和谐发展。如"中国梦"这样伟大的思想，加上金砖国家（BRICs）的崛起，表明和谐发展模式值得世界各国认真考虑。在我国，人与自然和谐相处的理念，是一种文化上容易接受的促进可持续发展的方式。它与世界的经济和政治环境相一致，在不损害中国的治理体系的情况下推动人类的可持续发展。

第四章

混合方法论：了解复杂系统
A Mixed Methodology:
Understanding the Complex System

方法论为研究设计、实践和分析提供了一个框架和指导。本章介绍了本研究中应用的混合方法论，根据定义，混合方法论适用于解决跨学科研究中不同组成部分的研究问题（Robson，2011）。它的顺序和联系取决于为指导研究而制定的论文和研究问题，以便每个问题都能得到系统解决。本研究的研究问题集中在对城市系统的理解上，以促进城市向可持续发展转型。这一转型需要应用系统思维和多种方法，对复杂城市的自然资源环境和社会经济文化系统形成全面的理解。

本研究利用了自然科学和社会科学的结合。所应用的研究方法促进了对城市系统的理解，涉及城市新陈代谢和城市社会系统的子集，然后将人类活动和城市系统之间的相互作用联系起来。通过这种方法，把从自然科学到社会科学范畴的环境管理和研究技术结合起来。本章探讨了一种综合的城市系统理解方法，它结合了多种方法和调查工具。此外，还有正式的专业研究方法、历史和文化回顾方法以及实地调查。这些方法的结合对于理解现实世界非常重要。混合方法论的应用有助于通过提供多角度的证据，避免有偏见的结果，因而能够获得对城市系统更全面的理解。

第一节 研究框架

本研究的基本假设是：通过对城市系统的深入理解，可以改善决策和管理，促进向城市可持续发展的转型。为了解决这个问题，需要采用一种融合多种方法的途径，包括涉及城市系统之间互动的特定学科的经验研究，并辅以广泛的公众调查，对城市多主体利益相关者进行深入访谈，为城市转型决策提供依据。

一、多层次视角系统思维

本研究采用系统思维来理解和管理我国适应环境变化背景下的动态城市系统。将城市系统作为一个具有多层次相互作用的整体来考虑，需要与多层

第四章 混合方法论：了解复杂系统

A Mixed Methodology: Understanding the Complex System

次视角相结合的系统思维，强调复杂系统的关键因素之间的相互关系（Checkland，1981；Porter & Córdoba，2009）。它为研究复杂和多层次的城市系统提供了一个平台，并增强了决策者采取有效战略、政策和行动的能力。

为了解决第一章中提出的两个研究论题，本研究确定了两个主要的分析主题，涉及城市物质系统和社会系统。本研究思维导图（图4-1）的第一部分是借助物质流分析对城市物质资源环境系统的理解，它将城市系统作为一

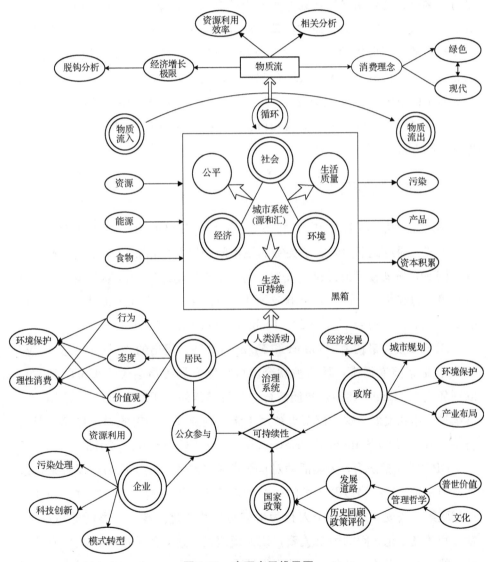

图4-1 本研究思维导图

个"黑匣子",考虑通过城市系统的物质流入和流出。流入的部分,包括资源、能源和食物等的投入;流出的部分,包括污染、产品和资本积累等。物质流分析有助于系统地调查这个"黑匣子"(Bao et al.,2010;Huang et al.,2012;Li et al.,2016a)。物质投入产出分析与复杂城市系统的经济和社会因素相结合,进一步探究影响经济发展和生活质量的因素。其主要任务是将复杂的城市系统转化为一组数值,使城市的物质系统运作更容易被理解。第二部分主要是在公众调查的基础上对城市社会系统的理解。本研究中的调查分为四个层次:国家政策、地方治理、地方企业和个人反应。通过对来自社会多个层面的不同群体的调查,本研究建立了一个改进的城市环境管理系统,将自上而下和自下而上的方法结合起来,以实现城市向可持续发展更好地转型。自上而下和自下而上方法的相互补充,有利于提高环境管理的有效性(Adekola & Grainger,2023;Böhringer & Rutherford,2008;Fraser et al.,2006;Harder et al.,2014)。

二、DPSIR 研究框架

本研究采用"驱动力-压力-状态-影响-反应"(DPSIR)模型作为城市研究的框架,通过此框架确定了关键的城市问题以及城市物质流和人类响应过程。DPSIR 框架模型通过建立人类活动与城市环境之间的因果关系,识别资源环境压力和状态,评估人类响应,并提供决策参考(Carr et al.,2007;Li et al.,2016b;Liu et al.,2020;Tscherning et al.,2012)。

DPSIR 模型最初由 Rapport 和 Friend(1979)提出的"压力-状态-反应"(PSR)框架演变而来,随后被联合国可持续发展委员会(UNCSD,1997)、欧洲环境署(EEA,1999)和经济合作与发展组织(OECD,2001)采用,并继续被应用和发展。这一模型也被用于澳大利亚 5 年一次的国家环境状况报告中(Australian State of the Environment 2011 Committee,2011)。

DPSIR 模型认为,人类活动对自然资源和环境产生了压力,反过来,这些压力又对自然环境以及人类的生产和生活产生了影响。然后,政府和社区通过政策、法规、规划和个人行为来应对这些变化。基于人类活动与自然、社会和环境变化之间的因果关系,该模型假设,适当的响应可以减少或防止负面的压力和影响。此外,该模型将社会、经济和自然系统整合到一个框架中，为进一步的系统分析提供了基础。

在 DPSIR 框架中（图 4-2），驱动力（driver）指的是推动整个情况向特定目标发展的外部力量，它通常由基本的社会过程产生。压力（pressure）是因为驱动力而产生的人类活动，它可以是积极的或消极的。状态（state）代表了受压力影响的系统条件，它更准确地描述了可观察到的变化，通常表示系统动力学的基础。影响（impact）通常被认为是对环境或人类福祉的影响或损害。响应（response）指的是人类采取的行为和措施，对前几个阶段的问题做出反应和回馈。响应可以针对其他四个阶段中的任何一个，它们可以是适应性的，也可以是缓解性的。根据不同的情况和各种目的，框架模型可以进行调整，以反映更多的细节或指定的特征。

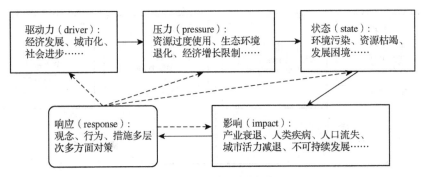

图 4-2　DPSIR 框架

本研究中的驱动力因素包括经济增长、城市化和社会进步。压力和状态解释了城市物质资源环境系统的变化，其中物质流分析被用作城市新陈代谢模型的主要方法。这是解决研究问题 2 "城市的新陈代谢框架如何应用于理解城市资源环境系统以及如何评估城市的可持续发展潜力？"的基础。影响和响应反映了人类在某些城市环境中的观点和响应。对响应阶段的研究是为了找出人类的响应和与城市环境的互动关系，旨在回答研究问题 3 "当地居民对城市环境状况及发展态势的态度及观点如何？在不同类型的居民群体中，他们的响应有什么不同？"以及研究问题 4 "城市社会文化系统是如何影响城市可持续发展的？"继而，本研究探讨了如何通过适应性响应来促进城市向可持续性转型，以解决研究问题 5 "在实现城市可持续发展的过程中，关键的困境是什么？如何促进城市向可持续发展转型？"

为了巩固研究框架，有必要采用多种数据收集方法，相互补充，以收集充分的证据，避免结果出现偏差。本研究使用的主要数据收集方法包括：① 多来源的数据库和文字记录；② 半结构化访谈，旨在从目标人群中获得综合信息；③ 利用现场记录本，记录访谈对象的个人感受、态度和反应；④ 视觉材料和观察，作为收集证据的必要补充方法。

三、研究方法

方法论是关于如何解释世界的理论，而方法是解释世界的一组技术。为了准确地回答研究问题，本研究采用了多种方法来理解复杂城市系统，并为实现城市的可持续发展转型提供技术支撑（图 4-3）。

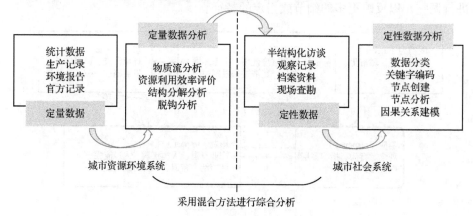

图 4-3 本研究中采用的混合分析方法

本研究中使用的方法可分为定量研究方法和定性研究方法。定量研究方法包括投入产出的物质流分析、脱钩分析、资源利用效率评价和结构分解分析。物质流分析作为一种主要的定量研究方法，被应用于理解城市新陈代谢及运行机制。结合物质流的理论以及与社会经济活动相关的具体指标，可以分析经济社会中的物质流动，评估资源的投入、产出和利用效率。同时，定性研究方法包括访谈、因果分析、档案/政策性研究。所有这些方法都可以单独或一起使用。总的来说，定量研究方法用于构建对城市物资资源环境系统的理解，通过数字模型解释变量之间的关系，并以定量统计分析的方式进行推理。定性研究方法在本研究中主要是探索人与城市系统的互动关系，深入探究城市多利益相关主体的行为和差异，探究人类行为的响应及其在城市系统中的作用。

第二节 案例研究法

世界是一组复杂的问题,世界系统中的变量相互作用,管理者总是在管理"混乱"(Allen & Gould,1986;Clark,1993)。系统中的变量关系在一个独特的时间和空间内很难确定,而一般的理论和规律并不适用于所有问题。因此,案例研究对于解决现实世界的问题,探究具体概念、方法和数据相关的复杂性至关重要。

一、案例研究设计与选择

案例研究已被用于许多研究领域,如管理科学、公共政策、城市规划、社会工作和决策分析,是一种能够产生有意义的可重复结果的方法(Yin,2009)。案例研究设计利用了四个基本步骤:研究什么问题,什么数据是相关的,如何收集可靠的数据,以及如何分析和解释数据(S. Kaplan & R. Kaplan,1989)。本书第一章中确定了本研究的五个基本问题,与这些问题相关的数据可以分为定量数据和定性数据,数据的收集方法与数据的形式密切相关。

本研究以甘肃省金昌市为案例进行研究。金昌市是中国西北部的一个重要工业城市,亦是一座典型的成熟型资源型城市。自 1959 年发现极其丰富的有色金属矿藏以来,金昌市的社会和经济得到了发展。该市拥有强大的工业经济,同时存在长期的空气污染问题。它在 2004 年被列为中国污染最严重的十大城市之一。它是我国最大的镍、钴生产和铂族金属提炼中心。金昌市的镍和铂族金属(PGMs)[①] 的产量占我国总产量的 90%,拥有世界第三大硫化镍铜矿床,是我国最大的镍、钴和铂族金属的生产地,拥有重要的矿物精炼基础设施。金川集团股份有限公司(JNMC)是金昌市的主导性省属国有企

[①] 铂族金属是六种过渡性金属元素,在化学上、物理上和解剖学上都很相似。铂族金属包括铂(Pt)、钯(Pd)、铱(Ir)、锇(Os)、铑(Rh)和钌(Ru)。

业，是一家从事采矿、冶炼、化学工程和材料加工的大型有色冶金和化工联合企业，也是世界上第四大镍生产企业。金川集团股份有限公司贡献了金昌市60%～70%的财政收入，在支持金昌市的经济方面发挥着主导作用。

金昌市是我国大规模促进经济发展的产物，对改善我国西北城市的经济状况起到了关键作用，然而也伴随着相应的环境代价。随着经济发展的成熟、资源的限制、环境的恶化和人们对环境要求的提高，城市的管理者不得不改变以往的经济和城市发展模式，寻找可持续发展的途径。金昌市所面临的一系列挑战，使得它成为我国资源型城市转型的理想案例。金昌市为可持续城市发展道路的探索提供了一个平稳转型的实验，对中国和世界上许多其他城市都具有借鉴意义。

二、研究区概况和研究范围

术语"城市"是指地理空间或生态实体，在本研究中，金昌市的范围是指行政区域内人口密度高、社会经济活动集中的部分，不包括周边的城镇和农村地区。本研究的时间跨度是从1981年金昌市成立地级市至今。

金昌市位于甘肃省中部（东经101°～102°，北纬37°～39°），黄河以西，祁连山以北，阿拉善高原以南。金昌市北面和西面是戈壁沙漠，南面和东面是零散的农业区。城市地区的年温度范围为-23℃至38℃，平均年降水量为139毫米，蒸发量为2 094毫米。由于该地区的生物物理和气候特性、土地退化和地下水减少，空气中的粉尘问题严重，冶炼产生的工业废弃排放加重了当地的环境污染。

金昌市位于河西走廊的东段，曾经是中国通往中亚和西亚的"丝绸之路"的重要组成部分。1981年之前，该地隶属名为永昌的县级市，是一个历史上重要的文化交流节点。随着镍矿的开采及经济的发展，该地区1981年设立地级市金昌市，其行政区域包括1个市区（金川区）和1个县区（永昌县）。金昌市的行政区域面积为9 593平方公里，其中金川区占地3 060平方公里，永昌县占地6 533平方公里。金昌市（中心城区）的初期居民大多是来自周边农村地区和附近城市的移民，以及来自我国东部地区的青年知识分子。后者是在20世纪50年代左右，当地发现重大矿产后，为促进祖国西部工业和经济发展而来。

第四章 混合方法论：了解复杂系统

A Mixed Methodology: Understanding the Complex System

据统计，2021 年，金昌市的年末常住人口 43.53 万人，比上年末减少 0.23 万人。城镇人口 34.14 万人，城镇化率达到 78.43%。2021 年全年地区生产总值 428.61 亿元，比上年增长 8.0%，两年平均增长 8.3%。其中，第一产业增加值 32.97 亿元，增长 11.4%；第二产业增加值 285.46 亿元，增长 8.9%；第三产业增加值 110.18 亿元，增长 5.2%。三次产业结构比为 7.7∶66.6∶25.7，工业是当地的主导产业。人均地区生产总值 9.8 万元，比上年增长 8.7%，高于甘肃省和全国的平均水平。

本研究初期，利用节点和反馈环路进行了因果环路分析，显示金昌市的城市发展、工业发展、生态环境和城市建设之间的基本关系和权衡（图 4-4）。

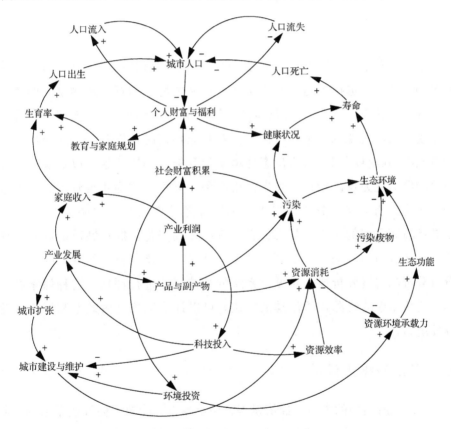

图 4-4 城市发展因果环路图
注："+"代表正向作用，"-"代表负向作用。

在我国众多中小型工业城市中，金昌市也不例外，其环境污染已非常严重，并伴有相关健康危害。随着过去几十年的急剧扩张和人口增长，该市已进入工业生产、城市建设及其相关负外部效应的快速发展期。与此同时，产业发展的单一性、经济增长的瓶颈、居民对美好环境的渴望等问题和诉求相继出现。政府和企业都意识到，要维持经济的增长，保持社会的认可，必须改变城市的经营方式，寻求城市可持续发展转型，这亦是一个与城市环境管理和治理体系相关的重要问题。

第三节　城市物质资源环境系统定量研究

本研究利用基于投入-产出的物质流分析方法来模拟城市物质资源环境系统的变化，并选择了与社会经济活动相关的特定指标，从物质流的角度分析城市的新陈代谢-物质资源环境变化情况。具体而言，调查研究资源型城市主要物质资源的开采、生产、消耗和循环情况，资源型产业突出污染物排放与回收再利用、城市生态环境质量等资源环境要素，以资源型产业主要物质消耗为投入指标，突出污染物和废弃物排放为主要环境指标，采用物质流分析方法，分析近二十年来资源型城市的经济发展、资源利用、生态环境等方面的压力、状态、影响特征及其变化，揭示城市资源和环境要素在区域内的流动特征及利用效率。基于物质流分析的结果，结合结构分解分析和解耦分析技术对城市系统的可持续性进行评估。这种探索经济和工业活动中的资源环境流动的方法，可以评估资源利用效率和城市可持续性潜力。

一、定量数据来源

本研究所用到的人口、经济发展、城市建设、能源消耗等数据来自《金昌市统计年鉴》，采矿、进口、生产、销售、资源利用和供应、废物产生等数据来自《金川集团股份有限公司统计资料汇编》，环境统计报告和环境监测记录来自金昌市生态环境局，其他数据从官方报告和网络数据库中收集。国家数据和省级数据被用来估计部分缺失值。

本研究采用社会经济指标来反映城市经济变化和社会财富发展。国内生产总值被用来代表经济增长的变化。人均 GDP 被用来作为社会财富的一个指标。尽管社会财富的概念涵盖了与生活质量相关的不同领域，但经济因素在影响社会财富的其他方面是至关重要的。在这项研究中，政府报告的一些环境记录和 GDP 的可靠性是有争议的，因为它们在反映真实情况方面有局限性。然而，它们仍然被广泛使用，因为它们的记录是连续的、一致的和可比较的。为了验证这些结果，本研究也从访谈和档案（如金昌市地方志）中收集了一些定性数据，作为弥补数据可靠性不足的补充信息。

二、定量数据分析过程与方法

1. 物质流分析

物质流分析（Material Flow Analysis，MFA）是用来理解城市新陈代谢及其基本机制的主要研究方法。物质流分析可以追溯到一个世纪以前（Fischer-Kowalski，1998）。从 20 世纪 50 年代起，物质流分析作为一种研究工具开始在世界范围内传播，物质流分析的概念和应用也不断发展。当前，该方法已被应用于全球、国家、区域和工业尺度的研究。物质流分析的应用开始于社会和经济领域，之后越来越多地被用来理解物质流与自然环境的复杂互动关系。在探索人类活动与自然的相互关系方面，物质流分析被认为是一种良好的定量分析工具（Ayres & Simonis，1994；Kovanda et al.，2012；Voet et al.，2004；Wang et al.，2020）。

物质流分析的原则基于物质守恒定律，无论实际物质流采取何种形式。因此，物质流分析的核算框架为决策提供了一个基础。物质流分析的指标有助于构建物质系统和社会经济系统的交互关系变化的信息框架（Fischer-Kowalski et al.，2011；Hashimoto & Moriguchi，2004；Kovanda et al.，2012）。物质流理论提供了具体的物质投入（material input）和物质产出（material output）的可测量指标，当与社会经济活动相结合时，可用于理解城市物质系统运作的基本过程。基于投入-产出的物质流分析在其粗略的分类和对系统的简要分析方面存在局限性，并且忽略了变量之间的内部关系。然而，它的优点是可以研究整个系统中物质流动的总体数量和方向。已有学者研究了如何利用物质投入产出分析来评价和判断城市的可持续发展状态

(Huang et al., 2012; Li et al., 2016a; Nong et al., 2023; Schandl & West, 2012)。Goldstein 等（2013）对不同城市的现有数据进行了元分析，证明城市代谢和物质流分析模型可以成为研究城市问题的有效方法。

2. 结构分解分析

结构分解分析（Structural Decomposition Analysis，SDA）可以应用于物质流分析中，以解释观察到的物质流的变化（Hoekstra & van den Bergh, 2003; Rose & Casler, 1996; Su & Ang, 2012）。结构分解分析被用来解释因变量的变化，将其分解为几个自变量，以衡量每个自变量在一段时间内对因变量的贡献。本研究采用人口、社会财富和技术进步这三个解释变量［公式（4-1）］，并确定了每个变量对城市物质流随时间变化的贡献。

$$MF = P \times \frac{GDP}{P} \times \frac{MF}{GDP} \qquad (4-1)$$

式中，MF 代表物质流，包括流入或流出，作为资源环境压力的衡量标准；P 代表人口；$\frac{GDP}{P}$ 代表人均 GDP，作为社会财富的指标；$\frac{MF}{GDP}$ 代表每单位 GDP 的物质投入或产出，作为技术进步的指标。

3. 脱钩分析

经济增长是一国在一定时期提供的物质产品和服务的价值总量的增长。经济增长可以通过消耗较多的资源得到，也可以通过消耗较少的资源获得。无论经济增长可以达到什么样的程度，还是需要什么样的社会福利，都摆脱不掉环境资源对经济系统的生态束缚。因此经济增长、社会福利是否具有可持续性，可以通过判断经济、社会福利与资源利用逐渐脱钩化（decoupling）的程度来进行。一般在三种情况下，脱钩现象容易发生：① 经济增长与物质和能量消费的通量脱钩，即追求效率的增加来实现减物质化；② 物质和能量通量与社会福利脱钩，即如何满足需求的问题，一般与社会消费模式的转变有着极大的关系；③ 社会福利与经济增长脱钩，也就是公平分配问题。

本研究采用脱钩分析方法（decoupling analysis），通过测量城市发展、经济增长与资源环境压力之间的脱钩状态来评估城市的可持续发展潜力（Abam et al., 2021; Andreoni & Galmarini, 2012; Duan et al., 2022; Ru et al., 2012）。脱钩模型采用"弹性概念"（Tapio, 2005; Vehmas et al., 2003）来反

映变量之间的关联,克服了选择基期的困境。在本研究中,弹性值 T 被用来衡量物质流和经济增长之间的脱钩关系,并以此来判断城市可持续性潜力[公式(4-2)]。

$$T_{\text{MF,GDP}} = \frac{\%\Delta \text{MF}}{\%\Delta \text{GDP}} \quad (4-2)$$

式中,$T_{\text{MF,GDP}}$ 表示物质流与经济增长之间的脱钩弹性;ΔMF 和 ΔGDP 分别指物质流和 GDP 的变化量。

脱钩模型确认了三种基本状态,即脱钩、联结和负脱钩,并在此基础上细分出八种脱钩状态。某一时期的脱钩状态取决于 T 的数值($T<0$,$0 \leqslant T<0.8$,$0.8 \leqslant T \leqslant 1.2$,或 $T>1.2$)以及 MF 和 GDP 的变化趋势(ΔMF>0 或 <0,ΔGDP>0 或 <0),如表 4-1 所示。在一定时期内,当资源消耗或环境压力指标的增长率低于经济增长率时,可以认为处于相对脱钩或弱脱钩的状态。当资源消耗或环境压力下降而经济同时保持增长时,就会出现绝对脱钩或强脱钩。

表 4-1 脱钩状态与弹性值比照表

状态		ΔMF	ΔGDP	T
负脱钩	扩张负脱钩	>0	>0	$T>1.2$
	强负脱钩	>0	<0	$T<0$
	弱负脱钩	<0	<0	$0 \leqslant T<0.8$
脱钩	弱脱钩	>0	>0	$0 \leqslant T<0.8$
	强脱钩	<0	>0	$T<0$
	衰弱脱钩	<0	<0	$T>1.2$
联结	增长联结	>0	>0	$0.8 \leqslant T \leqslant 1.2$
	衰退联结	<0	<0	$0.8 \leqslant T \leqslant 1.2$

第四节 城市社会系统定性研究

定性研究方法通常被用作对某一现象进行实证调查或探索某一现象与人类活动之间关系的综合研究策略，被广泛应用于深入了解人类行为以及行为背后的原因（Punch, 2013; Salkind, 2012）。Denzin 和 Lincoln（2005）给定性研究下了一个通用的定义：在自然环境中研究事物，试图从人类赋予它们的意义方面来理解或解释现象，并使世界变得可见（Studying things in their natural settings, attempting to make sense of, or interpret, phenomena in terms of the meanings people bring to them, and making the world visible）。本研究以此为指导，提出了质性研究设计。

本研究采用的定性研究方法，主要包括半结构式访谈和基于档案资料的政策研究。定性研究从人类行为的社会视角出发，使得对城市系统的理解更加全面和真实。定性研究使用因果循环建模的系统动力学方法（Maani & Cavana, 2007），旨在探索人类与城市环境之间的互动，这些互动构成了城市社会系统。在此过程中，定性研究深入探究了政府和企业的管理，并调查了对社会政策具有重要影响的公众行为。

一、定性数据来源和数据收集方法

本研究从城市微观主体角度开展调查研究，主要通过问卷调查结合半结构化访谈（semi-structured interview）进行深入访谈，旨在调查目标微观主体关于城市资源环境要素状况特征和城市可持续发展转型的个人感知、观点、行为和意见，获取资源型城市对可持续发展目标的人类响应的第一手资料。定性数据主要来源于访谈信息，包括产生于参与半结构化访谈的受访者所提供的个人知识、观察、感知和经验。照片、个人故事和现场记录是补充数据来源。

半结构化访谈被用作定性数据收集的主要方法（Yin, 2009）。访谈的主要目的是从目标人群中获得与研究问题相关的个人想法和经验。半结构化访谈提供了一对一的交流,目标人群的样本在访谈前根据具体标准设计。半结构化访谈方法区别于传统问卷调查的优势在于让受访者处于较为自由的答题空间,在设计的问题框架内,受访者可以脱离既定答案选项,根据自身最真实的感受和想法向调研者进行诉说,在访谈过程中,调查员要求受访者澄清和解释任何不确定或不明确的答案,对于某些不理解的问题,也可以跟调研者进行直接沟通,这大大减少了误解,避免了对重要信息的忽视,提高了访谈数据的质量。考虑到半开放式深入访谈获取的样本数据有限,可以结合网络调研与大数据方式丰富样本来源。当然需要说明的是,半结构化访谈的缺点在于获取数据的时间消耗长和费用大。

二、半结构化访谈与访谈对象构成

半结构化访谈采用预先设定好的问题,结合开放式的回答和后续询问,对目标受访主体进行分类筛选,受访者选取覆盖多部门、多级别、多年龄、多文化背景等要素的主体。本研究对每组受访者开展 15~20 份基于结构化问卷的半结构化访谈,所有受访者都被问到相同的问题,每次采访持续大约一个小时。根据不同的情况,使用不同的问题和提示作为后续,以澄清所提供的内容并收集更详细的信息,同时做好访谈笔记,记录受访者的态度和行为反应。特别是针对某些敏感话题,调研者或许可以发现某些受访者做出了不真实的回答,这些数据都可以一同作为访谈数据。

原始访谈数据来自四个目标群体 50 位正式受访者提供的信息,包括 12 名政府官员、10 名企业管理者、13 名工厂工人和 15 名当地居民(非工厂工人)。受访者依次被标记为 G#、E#、W# 和 R#,他们的身份被保密。每个目标群体组都包含了不同职业、年龄和教育背景的受访者。受访者的主要人口统计特征如图 4-5 所示。大多数受访者是男性(44 人),只有 6 名受访者是女性。出现这种性别方面的显著数量差异,首先是因为大多数女性拒绝接受采访邀请,因为她们觉得接受采访有压力,担心向研究者提供不恰当的答案或误导信息。其次,本次访谈试图让某些特定群体参与进来,例如政府官员(部门负责人),这就限制了对受访者的选择。除了当地居民（R#）群体外，其他三个群体大多是男性，目标群体的特点导致了受访者性别的差异。

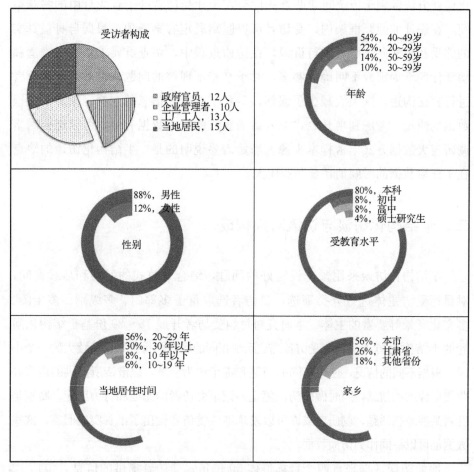

图 4-5　受访者信息统计

三、定性数据解释和分析

根据所获取的有效深入访谈数据，利用定性分析方法，采用开放式编码和分类来建立数据的基本结构。使用 NVivo 10（QSR International）软件，对结构化的访谈数据进行处理和分析，包括数据分类、关键字编码、分析节点创建等，并进行树状节点分析、矩阵节点分析、数据整合、建立关系模型（图 4-6、图 4-7），总结人类多元主体对城市资源环境要素状况和城市发展

第四章 混合方法论：了解复杂系统

A Mixed Methodology: Understanding the Complex System

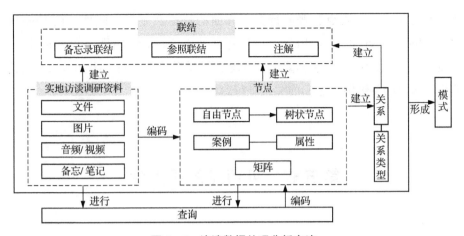

图 4-6 访谈数据处理分析方法

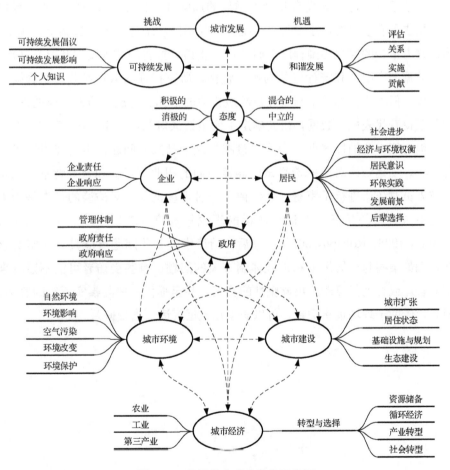

图 4-7 访谈信息节点结构示意图

转型的主要感知、观点、普遍行为等方面的特征及差异。此外，在 Vensim 6.3（Ventana Systems, Inc.）软件中，采用因果循环图（Causal Loop Diagrams, CLD），将文字和箭头与编码数据联系起来，对人类和城市系统之间相互作用的关键因素之间的关系进行建模。

第五节 可预见的局限性

应该承认，这项研究有几个可预见的局限性。首先，政府的一些统计数据和报告是有争议的，主要是由于统计口径不同和统计数据经过调整。例如，当地官方报告的空气污染程度有时会低于受访者报告的"现实"状况。其次，由于数据的有限性和统计资料的不完整性，研究指标的数量有限。尽管缺乏全面性，但本研究选择了与研究目的最相关的指标。再次，访谈抽样的误差。为了获得有代表性的数据，研究确定了四组访谈对象，每组 10～15 人，不可避免地可能出现抽样误差。为了尽量减少这个已知的问题，本研究采用了两种方法。一是访谈对象的选择试图涵盖不同的职业、年龄和教育背景。二是研究人员对访谈进行了审查，并保留了一份现场记录，对访谈的审查是为了确定不再有新的信息，即达到访谈的理论饱和度（Ashley & Boyd, 2006; Rennie, 1998; Robson, 2011）。最后，访谈中的一些问题可能具有一定敏感性，例如某些与空气污染和市政体制有关的问题。有些受访者可能不愿意直接回答，或者他们可能给出欺骗性的答案，甚至提供一些与事实不符的答案。因此，借助于现场观察记录，可以避免在数据解读上出现偏差。

第五章

城市物质资源环境系统模拟
Urban Metabolic System Modelling

本章基于城市新陈代谢的概念，重点讨论城市的物质资源环境系统。借助基于输入和输出的物质流分析，结合城市社会经济活动的特定指标，探索和评估城市物质资源利用效率、生态环境变化和城市可持续性潜力。本章旨在解决研究问题 2 "城市的新陈代谢框架如何应用于理解城市资源环境系统以及如何评估城市的可持续发展潜力？"

第一节　城市系统物质投入和产出

金昌市的物质投入主要由四个部分组成：工业矿物和金属、能源消耗、建筑材料和生物质。工业矿物和金属由全部采矿矿物、进口金属和化学材料组成。能源消耗（以煤当量吨计算）包括煤、焦炭、重油、柴油、汽油和电力。建筑材料包括工业和城市建筑材料。生物质包括农作物和木材。从成品和废物中提取的材料没有作为年度材料投入计算，这反映了投入-产出（流入-流出）模型的性质，该模型的重点是流经城市系统边界的物质。2000 至 2020 年，工业矿物和金属以及能源消耗占总的物质流入的 85% 以上，其中工业矿物和金属占总物质流入的 49.27%（±6.58%），能源消耗占总物质流入的 38.44%（±8.89%）。建筑材料的份额呈上升趋势，从 7.95% 上升到 12.96%（图 5-1）。

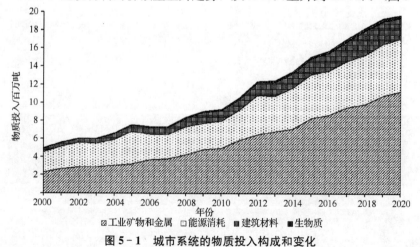

图 5-1　城市系统的物质投入构成和变化

物质产出主要包括工业产品、固体废弃物、水污染物和空气污染物（图5-2）。主要的工业产品包括镍、铜、钴、铂、金、银和钛。包括工业固体废物和生活垃圾在内的固体废物占物质流出的90%以上。空气污染物由二氧化硫、氮氧化物和粉尘（包括工业粉尘和沙土粉尘）三种主要污染物组成。在研究期间，二氧化硫排放量占空气污染物总量的55%~72%（人均0.31~0.68吨）。2000至2020年间，金昌市的物质流入和物质流出呈线性相关，相关系数达0.991，整个时期呈现出高物质流入和高物质流出的态势。在此期间，物质流入以平均每年7.40%的速度增长，而物质流出以平均每年8.35%的速度增长。

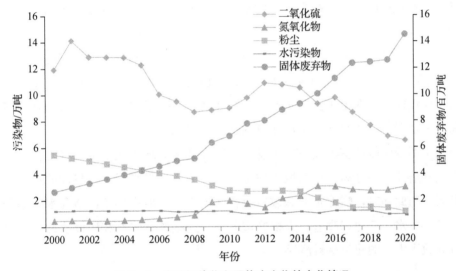

图5-2　主要污染物和固体废弃物的变化情况

第二节　城市系统物质流入

由于金昌市经济对有色冶金行业的依赖，工业矿物和金属的消耗构成物质流入的主要部分（超过一半）。2000年至2020年，工业矿物和金属的消费量从229万吨（人均11.09吨）增加到1 126万吨（人均53.57吨），反映了金昌市经济规模的不断扩大。同时，从周边地区购入用于冶炼和制造的金属矿石从4.65万吨（人均0.23吨）增加到693.62万吨（人均32.99吨）。进口金属矿石数量的增加表明金昌市加强了与其他资源供应伙伴的合作，成为金属冶炼和加工中心，同时保持当地矿产资源的库存。这反映了当地在促进国内进口的同时，对本地资源进行管理的策略。

在此期间，能源消费从224万吨（人均10.90吨）增加到582万吨（人均27.69吨）。工业矿物和金属材料的物质投入份额不断增加，而能源消费的份额则稳定在15%至30%之间。每单位金属冶炼消耗的能源有所下降的趋势表明，工业生产已经变得更加高效。除金属冶炼是主要的能源消耗方式外，随着生产规模的扩大和社会生活的繁荣，向消费型社会的转变也增加了对能源的消耗。

2000年至2020年，建筑材料的消费量从39.6万吨（占总城市物质流入的7.95%）增加到251万吨（占总城市物质流入的12.96%），这说明工业和城市建设规模都在迅速扩大（图5-3）。随着工业生产规模的扩大，工业建筑材料的消费量持续增加。城市建设的建筑材料消耗量呈两次飞跃式增长，这反映了两个阶段的密集型城市建设。2010年以来，城市规划提出将工业生产空间和居住空间分离，新的城市住宅区大量兴起，带来了城市建设的大规模开展。与此同时，当地企业和政府合作，大力改善城市环境，结合水处理和储存再生水，新建和改造了大批城市公园。这些城市建设和环境改造的项目都导致了大量的建筑材料消耗。

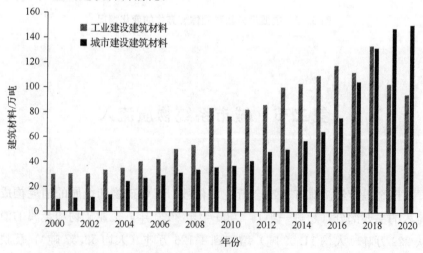

图5-3 建筑材料消费情况

第三节　城市系统物质流出

2000 年至 2020 年期间，工业产品和固体废物都有所增加。工业产品从 4.81 万吨（人均 0.23 吨）迅速增加到 89.09 万吨（人均 4.24 吨），年平均增长率为 17.59%。从 2000 年开始，工业产品的增长速度加快，呈现指数级增长的趋势，生产能力也在不断扩大。在研究期间，包括工业固体废物和生活垃圾在内的固体废弃物总量，从 266 万吨（人均 12.95 吨）增加到 1 455 万吨（人均 69.21 吨）。固体废弃物的增长趋势可以分为四个阶段，2000—2008 年年均增长率为 8.72%，2009—2017 年年均增长率为 10.14%，2018 年后增长速度放缓，2020 年陡增。这种趋势与工业的大规模投资有关。

固体废弃物产出量除以总物质流入所产生的指标反映了一般的材料使用效率，在 2000 年至 2020 年期间频繁波动（图 5-4）。随着工业总产值的增加，固体废弃物的产量增长更快，在 2010 年左右达到高峰。2010 年后，固体废弃物占总工业生产量的比例开始下降。固体废弃物相对于工业总产值的变化趋势表明，在经济发展的早期阶段，固体废弃物随着工业总产值的增加而迅速增加，这表明工业生产较为粗放，材料利用效率较低。然而，从 2010 年开始，固体废弃物趋于稳定，并有下降的趋势。同样，在研究期间，每单位

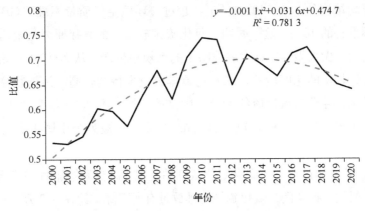

图 5-4　单位物质投入产生的固体废弃物量

工业产品产量的固体废弃物的物质流出从 70.84 单位下降到 13.97 单位。每单位工业产品产量的二氧化硫排放量也从 3.34 单位下降到 0.12 单位。固体废弃物和二氧化硫的排放与总的物质流入和工业产品的关系表明，随着工业活动的成熟和技术的进步，材料使用效率有了明显的提高。这意味着环境压力有可能下降，这表明传统的或修正的 EKC 方案是可能的。

控制并最终减少空气污染物排放对改善环境至关重要。在金昌市，工业矿物和金属大多来自多金属硫化物矿床。镍冶炼和铜冶炼以及发电排放了大量的二氧化硫，这已成为金昌市最主要的空气污染物，占空气污染总量的 60%～75%。为了缓解这一问题，金昌市早在 1987 年初就建立了两个硫酸厂来吸收二氧化硫，使二氧化硫的回收率从 4% 提高到 74%。在后续的几十年里，更多污染减排的环保项目陆续投入使用。在整个研究期间，二氧化硫的排放量有了显著下降。

二氧化硫的排放量经历了"上升—下降—上升—下降"的波动变化。二氧化硫排放量的变化与工业生产规模的变化大体一致。但随着金川集团股份有限公司进口新的污染物转化器投入使用，化工厂吸收镍和铜冶炼厂闪速炉排放的二氧化硫的能力有所提高，出现了工业产品的产量增加，但二氧化硫排放量不断下降的情景。二氧化硫排放量大幅下降的另一个原因是改用硫含量较低的矿石。以二氧化硫减排为重点的环境保护工作成为制度化管理的重点。

2000 年至 2006 年期间，二氧化硫排放量大致稳定在 10～14 万吨的高水平。这一时期的二氧化硫年均排放量为 12.51 万吨（人均 0.60 吨），市区二氧化硫年均浓度值为 0.149 mg/m³，超过《环境空气质量标准》（GB 3095—2012）标准Ⅲ的 48%。这一时期二氧化硫排放量大的直接原因是金川集团股份有限公司"做大做强"的发展战略下的大规模生产。从 2000 年开始，产品产量继续以较快的速度增长，二氧化硫排放量也持续较高。污染物控制设备的投资较少，导致二氧化硫的大量集中排放，加剧了 2000 年至 2006 年的空气污染。由于严重的空气污染，金昌市在 2004 年被列为中国十大污染城市之一。

2007 年至 2012 年，二氧化硫排放开始呈现先减少后增加的"U"形态势。相较前一时期，这期间二氧化硫平均排放量有所下降，约在 8.5 万～11 万吨。年均二氧化硫排放量减少到 9.44 万吨（人均 0.46 吨），比第一阶段（2000—

2006年）减少24.54%。加强二氧化硫转化为硫酸的回收利用措施，很大程度上促成了这一减排。城市地区的二氧化硫年平均浓度值为 0.084 mg/m³，达到空气质量标准Ⅲ级，但仍比标准Ⅱ级高出40%。在此期间，由于工业和产品的增加，二氧化硫排放量的下降被额外的污染物数量所抵消。这一阶段的二氧化硫减排量可能被新增加的排放量低估了，这意味着在没有改进二氧化硫减排技术的情况下，二氧化硫的排放量一定会增加。

2013年至2020年期间，生产投入总量几乎翻了一番，二氧化硫的排放量出现了持续显著减少趋势。这意味着对二氧化硫排放的控制不仅减少了现有生产中二氧化硫的排放量，而且有效地抑制了扩大生产后的新的二氧化硫排放量。虽然城市空气污染问题依然存在，但二氧化硫的减排能力已大大增强。除了建设冶炼和工业燃煤锅炉的脱硫设施外，技术改造和产业结构调整也是改善城市空气质量需要长期努力的关键问题。

除了二氧化硫的排放外，氮氧化物（NO_x）和灰尘是另外两种主要的空气污染物。2000年至2008年间，氮氧化物的排放量稳定在1万吨以下。此后，在2009年至2014年期间，氮氧化物排放经历了一个波动增长。从2014年开始，氮氧化物的排放量大幅增加，这反映了家庭收入的提高和相关的私人汽车的增加。虽然采用清洁能源和机动车排放控制技术减少了每辆车的氮氧化物排放量，但这一积极影响被汽车保有量的快速增长所抵消。此外，在研究期间，粉尘排放从5.47万吨（人均0.27吨）持续下降到1.12万吨（人均0.05吨）。这与城市区域环境的改善相呼应，包括在城市周围广泛植树和稳定地面以减少环境灰尘，以及在生产过程和冬季供暖系统中利用工业除尘技术以达到国家烟尘排放标准。

第四节 物质流结构分解分析

对物质流的结构分解分析结果（表5-1）显示，2000至2020年，人口和人均GDP变量同时增长，年均增长率分别为2.39%和5.86%。单位GDP的物质投入和单位GDP的物质产出分别下降了5.25%和5.23%，技术进步对物质投入和污染排放的快速增长起到了抑制作用。然而，这种积极作用同时被人口规模和社会财富的增长所抵消。

表5-1 基于物质流结构分解的各变量平均年均增长率　　　　　单位：%

年份	物质投入	物质产出	人口	人均GDP	单位GDP物质投入	单位GDP物质产出
2000—2020	5.96	5.99	0.12	5.86	−5.25	−5.23
2000—2005	4.10	10.04	0.51	17.82	−9.79	−4.64
2006—2010	9.83	8.01	−0.55	5.56	−2.48	−4.52
2011—2015	5.57	2.60	0.27	−7.87	−5.38	−8.05
2016—2020	3.97	3.49	0.26	9.61	−3.19	−3.64

调查分析还显示了不同时期的人口、社会财富和技术进步的变化。在2000—2005年期间，所有的自变量都显示为正值，单位GDP的物质消耗和废物排放都在增加。在此期间，人口和社会财富的增长率均较高，城市人口快速增长，社会财富急剧增加，人均GDP的年均增长率达17.82%。对自然环境的压力主要来自较大量的污染排放。在这一时期，技术进步在促进物质利用效率和污染减排方面较为明显，反映在单位GDP的物质投入和物质产出上有所下降。2006—2010年，物质投入和物质产出持续增长，人口和社会财富增速有所减缓，技术进步所发挥的效用有所减弱。2011—2015年，人口增长进一步放缓，虽然物质投入在增加，但社会财富出现负增长，经济形势较为严峻。同时环境问题规范进一步加强，污染减排和技术进步的效果表现良好。2016—2020年，人口规模稳定在低水平增长，社会财富有了明显的提升，经济形势转好，物质投入和污染排放维持在相对较低水平，技术进步对物质消耗和污染排放的抑制作用较为稳定。

第五节　经济增长与物质流脱钩分析

本研究采用物质投入、物质产出和二氧化硫排放这三个主要指标来探讨经济增长和物质流之间的关系。利用2000—2020年期间GDP变化

（ΔGDP）和物质流变化（ΔMF）的关键因素，进行了脱钩分析（表 5-2、图 5-5）。

表 5-2 经济增长与物质投入产出脱钩关系

年份	经济增长与物质投入		经济增长与物质产出		经济增长与二氧化硫排放	
	T	状态	T	状态	T	状态
2000	1.33	扩张负脱钩	0.83	增长联结	2.97	扩张负脱钩
2001	−0.21	强脱钩	0.62	弱脱钩	1.40	扩张负脱钩
2002	0.03	弱脱钩	0.62	弱脱钩	−0.65	强脱钩
2003	0.85	增长联结	0.27	弱脱钩	−0.01	强脱钩
2004	0.45	弱脱钩	1.21	扩张负脱钩	−0.01	强脱钩
2005	0.12	弱脱钩	0.49	弱脱钩	−0.29	强脱钩
2006	0.78	弱脱钩	0.73	弱脱钩	−1.00	强脱钩
2007	1.07	增长联结	0.20	弱脱钩	−0.33	强脱钩
2008	0.11	弱脱钩	1.59	扩张负脱钩	−1.38	强脱钩
2009	0.59	弱脱钩	0.42	弱脱钩	0.11	弱脱钩
2010	1.05	增长联结	0.70	弱脱钩	0.17	弱脱钩
2011	0.27	弱脱钩	0.76	弱脱钩	0.54	弱脱钩
2012	0.51	弱脱钩	0.63	弱脱钩	0.69	弱脱钩
2013	0.47	弱脱钩	0.11	弱脱钩	−0.07	强脱钩
2014	0.74	弱脱钩	−0.08	强脱钩	−0.29	强脱钩
2015	0.61	弱脱钩	−2.37	强脱钩	−0.26	强脱钩
2016	0.50	弱脱钩	−1.47	强脱钩	−0.16	强脱钩
2017	1.15	增长联结	0.77	弱脱钩	−0.62	强脱钩
2018	0.50	弱脱钩	0.64	弱脱钩	−0.05	强脱钩
2019	0.44	弱脱钩	1.11	增长联结	−0.07	强脱钩
2020	0.60	弱脱钩	1.09	增长联结	−0.07	强脱钩

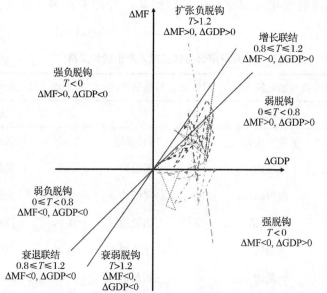

图 5-5　经济增长与物质投入产出脱钩关系图

在研究期间，经济增长和物质投入之间的关系经历了多种形式的脱钩，但以弱脱钩关系为主。尤其在 2004 年以后，弱脱钩变得更加频繁，这意味着物质投入的增长速度低于 GDP 的增长速度，单位经济增长需要的资源量在减少。增长联结和扩张性负脱钩的出现表明，资源利用效率还有进一步提升的空间，资源的价值没有得到充分体现。

经济增长与物质产出之间的脱钩状态发生了多次变化。由于 GDP 处于持续增长状态，经济增长与物质产出之间的脱钩状态大多位于第一和第四象限（即 ΔGDP>0）。2014—2016 年，物质产出较前一年有所减少，而 GDP 继续保持增长，出现了强脱钩状态。经济增长与物质产出之间的关系更多时候以弱脱钩为主，表明与经济增长的幅度相比，物质产出增长的幅度较小，环境压力所有减小。

经济增长与二氧化硫排放的脱钩与物质投入和产出的脱钩有显著不同，大多数情况下已实现强脱钩，即 GDP 增加的同时二氧化硫排放有所减少。2009—2012 年期间，经济增长与二氧化硫排放的关系保持在弱脱钩状态，由于这一时期 GDP 和二氧化硫排放都有波动，所以呈现出不稳定的脱钩趋势。2013 年以来，强烈的脱钩现象表明，经济增长与污染物排放可以绝对脱钩，从而在保持经济增长的同时减轻了环境压力。

多个时期的脱钩分析结果显示（表5-3），强脱钩只发生在经济增长和二氧化硫排放之间的关系上。这可能是一种情况，即强脱钩首先发生在经济增长与污染物排放的关系间，而其他变量将逐步实现脱钩状态。

表5-3 多个时期经济增长与物质投入产出脱钩关系

年份	经济增长与物质投入		经济增长与物质产出		经济增长与二氧化硫排放	
	T	状态	T	状态	T	状态
2000—2020	0.54	弱脱钩	0.53	弱脱钩	−0.08	强脱钩
2000—2005	0.11	弱脱钩	0.30	弱脱钩	0.01	弱脱钩
2006—2010	0.32	弱脱钩	0.25	弱脱钩	−0.14	强脱钩
2011—2015	0.28	弱脱钩	0.25	弱脱钩	0.17	弱脱钩
2016—2020	0.53	弱脱钩	0.51	弱脱钩	−0.10	强脱钩

2000—2020年期间，经济增长与物质投入和产出的脱钩结果都显示出弱脱钩状态，此时GDP与物质投入和产出都有持续增长的趋势，但经济增长的幅度大于物质投入和产出增长的幅度。持续的弱脱钩状态表明经济增长对资源型工业增长的依赖性。经济规模经历了快速扩张，资源利用率也得到了提高，展现出经济发展向可持续发展的趋势。这涉及技术进步和产业结构调整，旨在提高资源利用效率和经济增长模式。2000—2020年期间，经济增长与污染物排放在大部分时间段实现了强脱钩，但其中部分时间段内出现弱脱钩状态。由于工业的快速发展和环保设备对二氧化硫的吸收能力有限，GDP与二氧化硫排放脱钩的状态呈现弱脱钩。这表明，环保措施和技术需要随着工业生产的发展而不断加强。虽然经济增长没有与物质投入和产出实现绝对强脱钩，但它已经基本与二氧化硫排放实现了绝对脱钩，表明经济持续增长的同时可以减少对生态环境的负面影响，实现经济增长和生态环境改善双赢的局面。

第六节　本章小结

　　城市新陈代谢系统模型是研究城市系统可持续发展的有效途径，有助于理解城市内部物质资源环境的流动特征，评估城市的可持续发展潜力，并确定阻碍城市可持续性转型的关键障碍，为进一步研究优化决策和管理提供了参考。

　　基于投入-产出的物质流分析的结果表明，金昌市的新陈代谢以大量的物质消耗和废物产生为主导，这在很大程度上制约了城市的可持续发展。然而，在近 20 年的时间里，物质流分析与相关分析技术的应用为城市物质资源环境流动提供了一个清晰的描述，使得人们能够理解在生产不断增加的情况下，环境退化的具体驱动因素。尽管对物质和能源的严重依赖和环境问题的复杂性依旧有待改善，但经济增长与二氧化硫排放较为稳定的强脱钩表明，城市发展的转型趋势已初步呈现。

　　改善资源利用和环境条件，同时进行合理的投资，将促进城市可持续发展的转型。研究表明，地区生产总值和物质投入产出之间的关系经历了许多转变，并趋向于弱脱钩，表明总体上城市系统运作的物质/能源效率在逐步提高。在研究期间，人均 GDP 的增长与二氧化硫排放量的减少同时进行，表明环境可持续性的改善。然而，这受到了人口变化的干扰，因为结构分解分析显示，技术进步在一定程度上抑制了单位物质投入和污染物的快速增长，但被人口增长和社会财富的增加所抵消。这些积极的变化反映了对污染控制、工业技术和城市经济结构调整的投资效果。分析结果也证明了利用物质流分析方法进行城市系统模拟对衡量可持续的城市发展的价值。

　　数据同时也显示，社会财富的改善伴随着交通污染的增加，这与家庭收入的增加和私人汽车的普及有关。不可否认，金昌市的经济严重依赖采矿和金属加工，这给当地的经济可持续性和环境可持续性带来了严峻挑战。然而，通过创新投资、清洁生产和循环经济战略以及经济结构调整，突破经济发展的瓶颈是可能的。伴随着社会财富的数倍增加，工业生产、经济增长和家庭消费的扩大，有效的环境治理已使得空气污染总量大幅下降，城市水质、中水回用和生态建设得到明显改善。总体而言，城市经济、社会和环境已经取得了很大的进步，城市发展具有向可持续性转变的趋势。

以上研究结果解决了研究问题 2 "城市的新陈代谢框架如何应用于理解城市资源环境系统以及如何评估城市的可持续发展潜力？"下一章将从当地居民的角度探讨公众对城市环境状况的感知、看法和态度，以解决研究问题 3。

第六章

城市环境公众感知
Public Perception on the Urban Environment

本章通过定性调查，探讨公众对金昌市城市环境状况的感知。围绕城市环境变化、经济发展和城市建设等问题，本章探讨了研究问题3"当地居民对城市环境状况及发展态势的态度及观点如何？在不同类型的居民群体中，他们的响应有什么不同？"政府官员、企业管理者、工厂工人以及当地居民是本研究中的主要利益相关者，调查他们对可持续城市发展相关问题的不同看法、态度和反应。本章重点研究如何从公众的角度更好地理解城市系统和城市问题，为城市环境管理提供了一个关于公众参与决策和战略建议的知识基础。

第一节　城市环境变化及其影响

利用定性分析中的节点和子节点，城市环境中的感知关系被映射到一个因果关系图（图6-1）中，该图展现了一个影响城市环境的关键因素及其关系的概念模型。借鉴系统理论和城市物质系统分析框架，该模型有助于讨论金昌市的城市环境变化和影响。

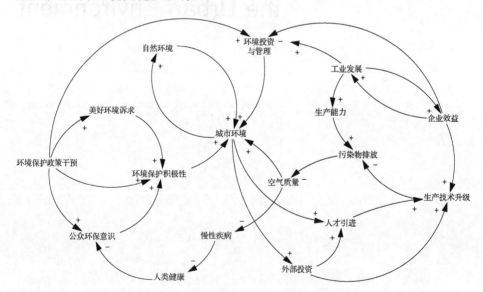

图6-1　城市环境变化关键因素因果关系

注："+"代表正向作用，"-"代表负向作用。

第六章　城市环境公众感知

Public Perception on the Urban Environment

一、金昌市环境印象

金昌市毗邻戈壁沙漠，缺水，多沙尘和强风，自然环境恶劣。近年来，地下水的过度开采和祁连山雪线的上升，迫切要求当地保护生态，特别是注重森林和草场的封闭和水资源的保护（G5、E5、E8）①。

除了自然环境的固有困难外，工业污染是造成金昌市环境恶化和社会问题的重要因素。空气污染是一个较为敏感的问题。一方面，当地居民几十年来一直抱怨空气质量不好，尽管当地在控制污染物排放方面取得了进展，但不尽人意的情况仍然存在。另一方面，空气污染是工业发展的副产品。经济发展和环境保护之间的权衡是一个关键问题，值得各级政府、当地工业企业和城市居民更深入地探讨。

金昌市受益于矿产资源，却遭受着与矿产资源生产相关的空气质量恶化的影响。R12将其描述为"破坏性的发展"。生产能力的提高伴随着污染排放的增加（G5、G9、E3、W1），而污染物的浓度与矿物矿石的质量密切相关（G7、E1、E10、W12）。在城市发展的早期阶段，对环境保护的考虑较少，以传统的"线性经济"为基础的工业生产产生了大量的污染（G5、E7、W13、R7、R10）。2000年至2005年是环境污染最严重的时期（E8），原因是金川集团股份有限公司的快速增长和扩张，加上20世纪八九十年代的遗留问题。E3将工业污染的场景描述为："工厂的废气笼罩着工业区，形成一顶烟雾缭绕的帽子。" R12开玩笑道："我们的城市由于污染严重而全国闻名。" G10则把环境状况恶化的原因归结为"罪恶的金钱"。

二、城市空气污染

作为工业城市的主要环境问题，空气污染对人类健康的影响是显而易见的，但仍然难以消除。工厂的刺鼻气味经常扩散到居民区，当地居民普遍反映，他们曾经常被烟雾呛到，明显感觉到不舒服（G10、E7、R1）。R14提到，在20世纪80年代，第八小学（靠近镍矿冶炼厂）的一些学生曾被烟熏

---

① 根据目标群体分类，受访者被标记为G♯、E♯、W♯和R♯。G♯代表政府官员，E♯代表企业经理，W♯代表工厂工人，R♯代表当地居民。

晕了。"这不仅仅是一个舒适的问题,更多的是健康问题"(E1)。

环境污染对人类健康的影响是公众所公认的。长期暴露在空气污染物中,导致许多当地居民患了一系列慢性疾病。当地居民经常因为接触有害的空气污染物而出现流眼泪、流鼻涕、呼吸急促和胸闷等症状(G2、W3、W9、W11、R6、R9)。过敏性鼻炎、慢性咽炎、呼吸道和肺部疾病、心脑血管疾病等,是由空气污染直接或间接引起的最常见的疾病(G1、G7、G9、G12、E2、W10、R2、R6)。一些受访者反映,当他们去到其他空气质量较好的地方时,他们的过敏性鼻炎和咽喉炎通常自动痊愈了(E2、R2、R10)。对于当地空气污染对人体健康的影响方式和程度,目前还没有准确的统计,但环境污染对人体健康的危害是有共识的。作为一种出路,越来越多的人在退休后选择到南方或其他自然环境舒适的城市生活(E5、R9)。然而,大多数当地居民不得不留下来,为今后更好的环境而奋斗。

环境状况对城市发展存在潜在的影响。空气污染不仅影响当地居民的健康,而且可能限制未来环境改善和城市发展的机会(G3、E9)。严重的污染会阻碍先进企业和人才的引进,这将进一步削弱城市的竞争力(R4)。E9也强调,如果城市环境的恶化不能得到有效抑制,必然会威胁到人们的正常生活和城市的长期发展。

为了减少污染对人类健康的影响,金川集团股份有限公司向受空气污染影响严重的工厂工人提供了工作时使用的基本个人保护设备,包括防护服和咳嗽糖浆等健康用品(W5、W10、W13)。与其他群体的受访者相比,大多数工厂工人表示,他们已经适应了工厂的空气污染,尽管有些人承认他们没有选择,只能忍受这种情况(W1、W4、W10、W11)。W10说:"不管污染有多严重,我们都得忍受,因为我们都要靠它来生活。"根据最新的城市规划,工业区和住宅区正在分离,工厂工人反映,他们现在至少可以在下班后逃离密集的空气污染,享受清洁的空气(E3、W2、W7)。与此同时,大多数工厂工人并未想过城市环境污染及其对个人生活和发展的影响。正如一些工厂工人所说:"这是政府的事。"(W8)"我只关心我的工资。"(W13)一位企业管理者对此的解释是:"人们对空气污染的感觉经历了从敏感到麻木,再到习惯的转变。"(E5)然而,在其他群体的意见中,情况并非如此。

三、环境变化与挑战

许多受访者反映,近年来,城市环境的积极变化是显而易见的。R8 说:"我很自豪,我们的城市非常干净,街道很美。"E8 和 R1 强调,随着社会经济的发展,人类对美好环境的需求也在不断增加,因此,城市环境管理需要不断的努力。这些努力有赖于进一步减少二氧化硫和粉尘污染,处理固体废弃物和污水,以及修复生态环境,为当地居民创造更舒适更宜居的生活环境。

在过去的十几年中,金川集团股份有限公司加强了工业污染治理。这主要有两个原因:一是满足当地政府的要求,改善当地环境改制;二是进行改制,获得商业浮动金(E2)。第十八次全国人民代表大会提出了"还人民以蓝天碧水",为了遵循这一理念,金昌市政府花费了 30 亿元人民币来改善空气质量,在与环境有关的投资、排放物处理和指标控制以及城市绿化方面做出了很大的努力(G3、G5、E2、E8、E10)。大多数受访者认为,与 2005 年以前相比,现在的空气质量有了明显的改善。这与物质流分析中报告的数据一致(第五章)。然而,一些受访者认为,即使环境投资大幅增加,污染控制的设施和技术也是过时的,无法与当前的生产过程相匹配(G2、E5、W7)。因此,污染总是超过排放标准(E3、W11、R14)。R8 持较为悲观的态度,他认为随着工业的发展,空气污染的状况只会越来越严重。空气质量改善的效果仍不能满足大多数人的期望(G2、W4、W5、W7、R1、R12),而政府公布的环境数据有时与当地居民的实际感受不一致(G1、G8、R14)。

当地居民普遍表示,"空气污染的程度取决于风向"。盛行的西北风在金昌市发挥着双重作用。一方面,它从附近的沙漠中带来大量的灰尘和沙粒。另一方面,强风有助于有效地吹走和消散空气中的污染物。有受访者表示,"风的作用甚至比许多其他污染控制手段更有效"(G11)。当风速相对较小或风向变为工厂所在的东南方向时,城市居民区就会受到严重的空气污染(G4、G11、E5、W11、W13、R2)。这意味着城市规划可以结合大气流动规律和污染减排措施,共同缓解城市的环境污染问题(De Giovanni et al.,2015;Huang & Zhou,2013)。这一点将继续在第八章中进行探讨。

环境得以改善的关键挑战在于投资。一般来说,环境投资需要大量的资本,然而获得收益通常很慢,有时甚至不明显(G5)。政府投资有限,无法有效发挥污染减排和治理的作用（R2）。从工业企业的角度来看，很难同时增加环境投资和企业利润（E4）。一些受访者认为，企业只关注利润，并没有特别关注环境问题（G1、W12、R2、R8）。由于这些原因，工业企业对环境保护的投资通常是不够的，效果也不明显。现实情况是，一方面，环境保护投资的增加和城市生态环境的建设为当地居民带来了切实好处；另一方面，工业企业仍在以牺牲当地居民的健康为代价而获利（R13）。

还需注意的是，一天中的空气质量是不稳定的，根据受访者提供的信息，午夜到清晨的空气质量往往是最差的。有受访者反映，许多工厂通常在晚上排放污染物（G1、G10、E1、E4、E5、E6、R1、R10、R12）。由于污染物排放的监测数据由当地环保局在白天收集，这就可以解释官方报告的环境数据与空气质量的真实状况之间存在不一致的情况。这些夜间排放的污染物，在定量分析中并没有体现出来，但由受访者报告了出来。R10认为，工厂只有在被迫做出改变或污染造成与人类健康有关的极端事件时才会采取措施控制排放。因此，当地企业的主动性成为污染得以有效控制的一个关键因素。另一个可以解释人们的感受和定量数据分析之间分歧的原因是，人们对环境质量的满意度和期望值在不断提高，即使空气质量已经有所改善，一些受访者仍然觉得改变不明显（R2、R7）。

第二节 经济困境与机遇

金昌市的经济水平在甘肃省名列前茅，人均收入高于我国的平均水平，尽管它的经济总量与全国其他城市相比还比较小。1985年之前，金昌市是全国35个最重要的城市之一，近年来一直在快速发展（G2、G12、E10）。由于金昌市在采矿和有色冶金方面的杰出表现，20世纪60年代，邓小平称赞它为"祖国的金娃娃"；2009年当时的总理温家宝评价它为"中国的骄傲"。然而，金昌市的经济困境随着其工业生产的扩大而出现，经济转型的必要性已经成为公众的共识。图6-2展现了影响金昌市经济状况的关键因素的因果关系。

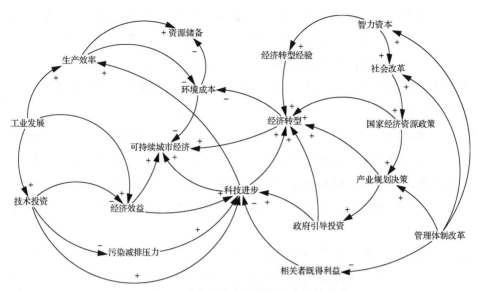

图6-2 城市经济发展关键因素因果关系

注:"+"代表正向作用,"-"代表负向作用。

一、经济模式与产业发展

当地居民一致认为,工业经济对金昌市的经济发展起着至关重要的支撑作用,尤其是以不可再生资源为基础的采矿、冶炼和金属生产等产业。一些来自当地工业企业的受访者认为,金昌市在农业和第三产业方面没有优势,只能依靠冶金工业(E2、E3、E7)。在他们看来,"金川集团股份有限公司的经济就是金昌市的经济"。R5和R8比喻道:"如果金川集团有限公司打喷嚏,金昌市就会感冒。"这意味着金昌市的经济结构是简单而脆弱的,对采矿冶金工业有强烈的依赖性。R12戏剧化地描述了金昌市的经济发展模式:"人们不认为这个城市是'家',因此不太关心经济发展的长期模式。这个城市就像一个'帐篷城市',一群人来到这里采矿和赚钱。城市的经济没有优越性和可持续性,这样的发展方式就像挖掘和出售自己的孩子。"

经过几十年的资源开采和生产,金昌市的经济可持续性受到了挑战,城市的未来发展成为近年来公众经常讨论的一个话题。许多受访者认为,没有理由对金昌市的长期经济发展持乐观态度(G3、E1、E4、E5、R2、R5、R13)。矿产资源的有限性是人们普遍认识到的困境,资源枯竭的危机不可避免。在一些受访者看来,资源型城市有其自身的缺陷,即使是最富裕的矿山也会有枯竭的一天（G1、E8、E9），金昌市的资源禀赋竞争优势正在消退（E1、E5、E9）。在 E8 看来，资源型城市无一例外都会经历繁荣和衰退。如他所述："从现在开始，我们需要努力思考未来 20~30 年该怎么做。我们能做的是努力使经济衰退缓慢进行，减少对社会稳定的影响。但严格来说，经济肯定会衰退。"

不少受访者与 E8 的观点相似，认为金昌市的经济目前正处于鼎盛时期，不久的将来会呈现衰退的趋势。G9 和 R14 提到，金昌市的几个工厂最近几年都没有盈利。虽然金昌市政府已经开展了一些国际合作，但其主要生产仍以本地原料加工为主，只能赚取较低的加工费。羰基镍和钛产品的早期创新优势，由于开发过程漫长，没有获得理想的利润，导致金川集团股份有限公司失去了市场（E3、E9、R2）。同时，一些工厂工人和当地居民抱怨说，尽管经济发展很快，但他们却没有分享到相应的利益，由于物价水平上升，他们的生活质量并没有得到明显改善（W8、W10、R6、R8）。"玉门市的悲剧"[①]是受访者多次提到的一个例子。R12 将玉门市的沧桑变革描述为"短暂的荣耀"。玉门市的没落提醒当地居民，迫切需要做出明智的决定，以避免重蹈覆辙。这个生动的例子比可持续发展的理论更能引起当地人的共鸣。

二、污染治理与经济发展

与工业生产有关的环境代价一直是一个敏感的问题。污染控制和经济发展之间的关系似乎是矛盾的，然而，越来越多的人已经意识到，这两者之间没有绝对的矛盾。许多受访者提到，工业发展不能走先污染后治理的老路，而应该提前采取末端治理的方法（G5、E1、E5、R3、R5、R9）。在 G9 看来，污染控制有两方面的影响。一方面，它在一定程度上限制了经济发展；另一方面，它迫使企业提高效率，必要时进行经济转型。与 G9 的观点相一致，许多受访者认为，污染控制在短期内会限制经济增长，但更有利于长期

[①] 玉门市位于甘肃省河西走廊，1957 年这里建立了中华人民共和国第一个石油工业基地。经过半个世纪的发展，石油资源已经枯竭，当地政府和石油基地已经迁出，9 万多名居民不得不离开这座城市。这座城市现在几乎成了一座"鬼城"，废弃的建筑被用来饲养山羊和家禽。

的发展。G1、G4和G10强调，污染控制不会对经济发展形成制约，而会推动技术创新，促进产业转型。这一过程涉及对库兹涅茨曲线（图2-9）中技术层面的考虑，也符合联合国环境规划署的脱钩概念，即在保持经济增长的同时减少对环境的负面影响（金昌市的情况见第五章，特别是经济增长已与二氧化硫的排放实现强脱钩）。

在E10看来，只要企业能够达标排放，处理好污染治理与经济发展的关系并不困难。E3认为，之所以要控制排放，是因为环保设施不完善或没有有效发挥作用。G4也强调了项目开发中"三同时"①的重要性，以防止大多数的环境问题。然而，污染控制的实施并不总是有效的。污染控制不应该仅仅依靠末端处理设施，还需要采用循环经济模式和清洁生产技术（G1、G8、E8）。在G8看来，经济发展总是以牺牲环境为代价，但经济发展也可以通过为投资和技术创新提供支持而帮助改善环境。只有当经济发展到一定程度，人们才会意识到并理解环境的重要性（W10）。

关于环境污染的外部性，健康问题是最受人们关注的。E2和R9强调，人们的健康在受到损害后是无法恢复的。因此，当地工业企业的社会责任成为公众关注的问题。目前，新开展项目在实施前必须经过严格的环境评估，然而，对于那些规模小、环保设施落后的项目来说，控制污染排放是比较困难的（G1、E5）。严格控制排放与污染防治技术投资相结合，是系统控制环境污染的必要条件（G5、G10、E10、R1）。经济发展的目的是为居民创造更好的生活，因此，对于污染治理与环境保护的投资永远不会过多（E10）。

三、经济转型

虽然在可持续发展的环境和社会方面，污染控制是最值得关注的问题，但工业经济转型的紧迫性被认为是避免经济衰退这一可预见危机的关键。以采矿和冶炼为基础的工业应该保持目前的规模，城市可以在此基础上发展更

---

① 我国2015年1月1日开始施行的《中华人民共和国环境保护法》第四十一条规定："建设项目中防治污染的设施，应当与主体工程同时设计、同时施工、同时投产使用。防治污染的设施应当符合经批准的环境影响评价文件的要求，不得擅自拆除或者闲置。"

有效率的多元化经济。E8 和 R2 指出，资源型城市衰落的速度会很快，而培育新的经济模式则相对缓慢。因此，当经济处于黄金阶段时，就应考虑经济转型这一重要议题（E8），其目的是最终减少对不可再生资源的依赖。金昌市的最终发展不能简单地成为一个工业城市，而应该成为一个将城市发展与全面的多渠道经济转型相结合的城市（E1、G6、G11、R2、R3）。换句话说，如果城市要生存，从资源型工业城市向经济多元化城市的转型是不可避免的（E2）。然而，目前这种转型还处于理论命题的阶段。这个任务是艰巨的，它需要大量的投资和经验来将思想付诸实践（E2、E4、E9、R3、R5）。

实际上，经济转型有很多障碍。缺乏经验被普遍认为是一个关键问题。正如 E3 所述："我们只是在跟随别人，却没有自己的知识资本、先进技术和创新技术。"政府的决策层和地方企业的实践将对经济转型起到决定性作用（G1、E4、E5、E8、W2、R2、R14），而基于国家经济和资源战略的政策和财政支持也非常重要（E5）。

第三节　城市建设与环境保护

金昌市最初以服务采掘业为唯一目的而建设，其城市发展和建设具有典型的工业城市的特征。这造成了一些受访者认为的不合理的城市布局，在城市发展的早期阶段，缺乏基本的城市功能（G4、E4、E8、R1）。"小城市"是金昌市被普遍认可的定位，大多数受访者认为城市的规模不应过度扩大。两个突出的原因在于水资源的限制和改善城市功能与环境质量的必要性，而不是单纯的地理规模的扩大（G4、R1）。图 6-3 展示了影响城市建设的关键因素及其之间的因果关系。

一、城市发展与扩张

城市扩张是随着城市经济的发展而不可避免的过程，然而，金昌市的城区更像随意分散布局的，而不是刻意发展的（G1）。在过去二十几年里，由于

第六章 城市环境公众感知

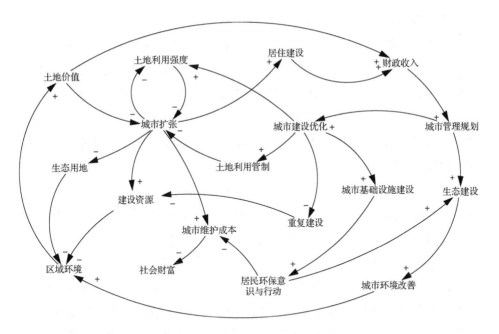

图 6-3 城市建设关键因素因果关系图
注："+"代表正向作用，"-"代表负向作用。

农村人口向城市地区的迁移，城市人口翻了一番，但城市建设却被认为是过度扩张、不合理和浪费的。这种现象被描述为"盲目扩张"（G6、W7、W8）和"破坏性的扩张热情"（E1）。如 G8 所述："金昌市像一个泡沫一样在扩张，这种扩张只发生在表面，而真正的城市发展却滞后于它的外表。"

金昌市低廉的土地成本进一步加速了城市扩张。大量的廉价土地已经成为吸引项目投资的资本（R4、R13），与此同时，土地出让的利润成为地方财政收入的重要来源（R3、R14）。伴随着城市的快速扩张，城区的土地使用强度仍然处于较低水平。由于灵活的土地使用控制，城市中有很多闲置土地（G2、G4、E2、W1、R3、R6），一些公司甚至从圈地中获利（R3、R13），亟须通过土地市场和更严格的土地使用管控来盘活这些闲置土地。

城区的规模应该适度，并与当地人口规模和资源环境限制相适应。不受控制的城市扩张会增加过度的资源消耗，并威胁周边生态环境。E1 认为："城市化不应只是钢筋水泥和道路，而应是一个功能良好的社会生态系统，人类生活和城市发展在一个良性循环系统中互动运行。"同时，一些受访者反映，当地城市建设没有自身的特点，没有令人印象深刻的标志，他们呼吁建立一个精致和紧凑的城市系统（G9、R1、R2、R12、W2）。

与上述担忧相反，几位受访者认为，由于水资源有限和悲观的经济假设，城市不会无止境地扩张发展（G9、G14）。另外，城市扩张可以为其他产业的发展提供更多机会（G1、R1），并有助于将毗邻戈壁沙漠的退化地区改变为宜居地区（R10、R11）。更重要的是，城市扩张将居民区与工厂分开，从而改善了居民区的空气质量（R4、R14、W1、W10、R15）。城市生态建设和优化土地使用，也有利于区域环境的改善（G11、E6、R9、W4、W11、R14）。

与城市发展相关的另一个问题是城市规划缺乏统一性和一致性。G6反映，金昌市的城市规划已经有多版，然而这些规划的实施受人为因素影响很大。政府主导的扩张是金昌市无序扩张的一个重要特征（E8）。一些受访者认为，无论城市规划如何，相当数量的投资和建设都缺乏理性思考（R1、R5、R7、R12）。城市的重复建设是经常被提到的一个问题，它浪费了大量的自然资源和社会财富（R1、R5、R12、R13、R15、W2、W9）。政府官员由于自身的身份和利益，较少谈及重复建设和城市规划不连续的问题。相反，许多来自其他群体的受访者认为，城市规划和建设不力应归咎于政府治理不力（G1、G2、E8、W12、R2）。

二、住房与基础设施建设

城市扩张的一个突出现象是住宅楼数量的迅速增加，这也解释了2010年后建筑材料消耗量的迅速增加，大量的住宅开发建设导致了供过于求的现象。购买房产作为个人投资的一种方式，是新住宅增加的直接动力。此外，房地产开发对地方财政收入的贡献进一步促进了这一趋势。一些受访者反映，在金昌市有相当多的家庭拥有两套或更多的房产，而这些房产中很多都是闲置的（G8、G9、E1、W8、W11、R5）。R5将这种现象描述为"中国病"。受访者普遍认为，对住房建设的过度投资是不明智和危险的。然而，没有有效的动机可以改变这种状况。如E8所述："随着城市的扩张，大量的资金被投入房屋中，其中建设、运营和维护都需要费用。一旦经济开始走下坡路，城市将面临巨大的风险。城市应该采取财政手段，引导资金投入产业，维持经济发展的优先次序。"

与此同时，政府官员和工厂工人群体中的一些受访者对大规模的房地产开发持积极态度。一些政府官员认为，住宅楼的增加符合国家趋势，是满足人们对提高生活水平的需求所必需的（G6、G7、G12）。而低收入群体也希望从大量开发新房地产的过程中受益，较多的房屋供给可以有效抑制房价的上涨，减轻住房压力（W4、W5、W7、W13）。

与城市建设相关的另一个关键问题是城市基础设施的发展。近一半的受访者认为基础设施建设不能与城市发展的速度相匹配。在他们看来，城区的地理面积在不断扩大，但城市基础设施却没有同步发展，或者说不够完善。城市基础设施的种类和质量有待提高，相应的维护水平也应提高（G10、E2、R1、R2）。近年来，供水和供暖、图书馆、剧院、医院的建设，以及生态恢复和道路改造取得了很大进展（G4、G5、E3、E4、E7、R8、R9）。然而，部分较年轻的受访者也表示，城市基础设施仍然不能令人满意，他们将此归因于落后的城市管理（W3、W8、W10、R2、R4）。

三、城市生态环境保护

尽管如上所述，城市发展伴随着一系列负面的环境和社会影响，但大量受访者同时也肯定了金昌市近年来的城市建设，尤其在区域生态环境改善方面。周边的戈壁沙漠通过区域绿化和控制沙漠化等措施，从城市建设中受益（G9、E2、E6、E8）。

近年来，随着城市生态环境改善趋势的加强，城市景观通过城市绿化、公园和公共花园建设以及社区景观改造等途径，发生了巨大的变化，包括街道绿化、紫金花海景区、西湖、东湖、金川国家矿山公园的建设、龙泉景观带的改造和社区环境的改善等[①]。此外，居民区北迁是区域环境改善的重要战略，这对当地居民的健康生活至关重要（G4、E3）。尽管大规模建造住宅区的做法有所争议，一些受访者仍指出，城市环境的维护和保护是有待完善的（R8、R10）。环境保护的投资回报较少或无利可图，成了环境长期保护的一个重要障碍（G9、R5、R12）。因此，城市生态环境的持续改善仍然需要更多的投资以及政府的支持和规划（G9、R2、R5），同时需要公民环境意识的提高和广泛的行为改变（G10、W10、R8、R15）。

---

① 关于这些项目的更多信息，将在第八章中详细阐述。

第四节 公众对社会进步的理解

在第五章中，社会进步以社会财富来衡量，其代表指标是人均 GDP。然而这种单纯以 GDP 来衡量社会进步的方式是不准确、不全面的。在本节中，社会进步（social progress）的概念被更详细地探究，以探索人们对美好城市生活的期望，并以此来解读公众视角对可持续发展各方面的理解。

当受访者衡量社会进步时，"幸福"一词被频繁提及。社会进步并不意味着简单的经济增长或城市的快速扩张，而更多是指人们幸福感的实质性改善。一些人还将其描述为"感觉更好"（G9、R1）或"舒适的微笑"（E4）。一些受访者提到，社会进步在不同的历史时期有不同的理解和含义（E9、R5）。正如 G9 所说："人们的感官是随着社会的发展而发展的。只有当他们觉得自己在当前环境下生活得更好时，才会认为这样的发展是好的。"

R4 采用中国谚语"仁者见仁，智者见智"来回应对社会进步的见解，但显然，当地居民在评价社会进步时最关心的是生活质量。社会进步的概念是全面的，到目前为止，还没有一个公认的客观公正的衡量标准。"以人为本的发展"是一个被普遍认可的方向（G4、E3、R4、R12）。社会进步是一个复杂的多维度的问题。正如 R14 所说："我们没有必要在所有方面都追求高。有时，疯狂的增长甚至会引起恐惧和焦虑。"E8 提到："社会进步的一个方面是追求简单和健康，而不是奢侈。"G5 进一步指出："一个进步的社会应拥有活力激发、理想美好、精神进步和规划合理的良好机制。"E8 总结，社会进步是一个动态过程，需要随时进行批评和修正。他还指出："社会进步是永远的潮流，但在某些时期的速度和影响不同。中国的社会进步是非常快的，但也付出了很大的代价。进步应该是稳定的，应该按照经济和文化的规律，做好规划。中国的社会发展是非常值得回顾的，因为涉及很多情感因素。我们应该以史为鉴，不断反思。"

当地居民对社会进步的评价集中在三个方面：经济发展、生态环境和社会生活。对围绕社会进步组织的节点转录数据进行词频分析，可以生成图 6-4。在此图中，社会进步的每个方面都包括了受访者认为对其至关重要的几个标准。总的来说，对改善生活水平、宜居环境、社会和谐和文明行为的要求被认为最为重要。

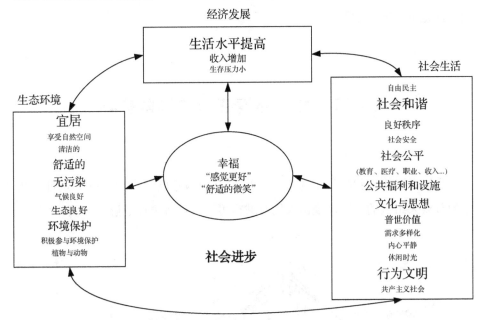

图 6-4　受访者报告关于"社会进步"的表述结构
注：字的大小与受访者提到该词的频率成正比。

生活水平的提高被认为是衡量经济状况的一个主要标准，它通常与个人收入有关。对无污染的宜居和舒适环境的要求被普遍强调，这也涉及环境保护的具体实践，将人类的主动性与自然环境联系起来。受访者在评价社会进步时经常提到社会生活的质量。总的来说，他们赞赏社会和谐与平等、公共福利和基础设施的改善、文明的行为以及文化和思想的发展，认为这些因素是促进社会进步的重要方面。关于社会生活质量，G1 进一步指出："社会公平和正义是基本标准，当人们敢于表达对政府的不满，政府也会被公众透明地监督。"这就为公众参与城市决策奠定了基础。此外，文化流失问题也吸引了很多受访者的关注，他们认为在一个一切都追求高速发展的社会中，文化流失是一个普遍的社会问题（G8、E5、W5、R13）。正如 E5 所阐述，文化底蕴的提升是社会进步的一个重要评价标准，但如今却严重缺失。源远流长的中国文化应该得到继承。

本节的结果表明，传统哲学中和谐发展的重要性与受访者提供的信息有着诸多共鸣。和谐发展不仅是一项官方政策，而且在公民中得到了支持。然而，具体的公众感知反映在对可持续发展的态度上的方式是混合的且有差异的，这是下一节的主题。

第五节　城市环境感知的群体差异

受访者群体自我报告中对城市环境状况的满意度是利用类别和定性分析中的节点来组织的，这体现出人们对城市可持续性各方面的感觉（图6-5）。

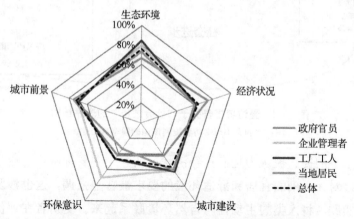

图6-5　不同群体对城市可持续性各方面的满意度

总体上，受访者自我评价的环保意识并不高，但对城市未来的可持续发展有信心。受访者也承认，当地的环境意识正在逐步形成，人们更加关注和认识到环境保护的重要性。社会不同群体的环境意识水平参差不齐。这种意识与个人财富有关，比如富人通常更关注他们的生活环境质量，而穷人则不那么敏感（G5、G10）。它还与人们的职业和所处的社会环境有关（W7、R2）。企业管理者和当地居民处于两个极端。企业管理者对他们在污染控制和生态恢复方面的努力更有信心，这是他们企业责任的一部分。因此，他们对

第六章　城市环境公众感知
Public Perception on the Urban Environment

自我评价的环境意识评价较高,以肯定他们的成就。然而,当地居民对环境质量的要求越来越高,导致他们对环境意识和行动有更高的期望,这反映在该群体的满意度相对较低。此外,调查发现,受教育程度较高的年轻人通常比老年人有更好的环境意识。

对环境状况相对较高的满意度主要来自近年来空气质量和生态建设的改善。尽管一些受访者反映,目前的环境状况与理想的生活水平不相称,但大多数受访者都承认近年来工业排放明显减少,并对污染控制和环境保护的进展表示赞赏。此外,由于长期接触工业污染,许多当地居民已经习惯了恶劣的环境条件,特别是工厂工人,他们承认自己已经对污染物的刺激性气味感到麻木。这反映在他们对目前环境状况的满意度相对较高。一般来说,人们对更好的环境的期望通常随着个人财富的增加而增加。当地政府和企业在工业生产和城市生态建设领域对环境保护的重视程度是毋庸置疑的。

政府官员对经济形势相对乐观,因为他们认为经济转型的机会很多。然而,由于对城市规划和建设问题的熟悉,他们对城市建设普遍不太满意,而大规模的新建筑项目的利弊仍有争议。尽管隶属于政府,这些受访者却将城市管理中的许多失败归咎于体制的限制。相比之下,企业管理者对经济形势不太乐观,他们更关注现有的工业生产,并非常重视当前工业对城市经济的贡献。他们把资源和环境的压力与目前的采矿和冶金工业联系起来,导致他们对城市经济形势的看法模糊。

大多数工厂工人对工业污染持悲观态度,但生活区和工业区的分离使他们有可能在下班后远离密集污染。另据调查,虽然当地的工业经济在过去几十年中经历了令人印象深刻的扩张和增长,但工厂工人并不觉得自己从中受益。因此,工厂工人通常更关心他们的实际收入而不是城市环境。最后,当地居民对环境的要求更高,对环境的期望也相对更高。他们认为环境比他们的个人利益更重要,他们认为政府和企业应该而且必须承担责任,为当地居民提供一个更好的环境。

第六节 本章小结

对当地居民的不同看法和态度的调查有助于从公众视角了解城市环境的真实状况。研究表明，鉴于近年来空气质量和生态环境建设的改善，人们对城市环境状况的满意度越来越高。这增强了大多数居民对城市可持续发展的信心。然而，受访者经常关注的问题也揭示了当地居民对城市发展的不确定性，其中当地的资源、环境、产业发展、政府管理、居民意识等被认为是城市可持续发展需要解决的重要问题（图6-6）。

图6-6 公众关于城市可持续发展议题的词频统计

空气污染一直是一个重要的城市问题，由于它与人们的日常生活密切相关，因此得到了当地居民的极大关注。空气污染的影响被认为是难以消除的，由于经济上的考虑和低效的城市管理，激进的污染控制的举措仍然很薄弱。这凸显了提高资源利用效率和促进经济转型以实现清洁生产和可持续发展的重要性。此外，根据调查发现，居民反映的感知情况和官方发布的统计数据之间或许存在不一致的地方。特别是，地方政府和工业企业报告的污染物排放数据是有争议的。当地居民观察到一些工厂在夜间排放污染物，这意味着官方报告的污染物排放量有可能低于实际数量。现实情况是，环境保护的投资为当地居民提供了减排和城市绿化的好处，但工业企业的生产模式仍然是影响城市环境的主导因素，对城市环境状况的乐观看法应该打折扣。这表明，对于居民感知的调查有助于澄清当地环境更真实的状况，同时强调了使用混合方法来理解现实世界的重要性。

城市环境状况反映出，金昌市城市可持续发展的主要挑战源于资源依赖型产业的制约，人为造成的污染加上自然环境的缺陷，以及城市环境管理效率较低。经济和环境可持续性方面的挑战可以通过技术手段得到部分解决，如通过采用循环和清洁生产技术提高资源利用效率。然而，由于经济方面的考虑和环境意识的不足，从根本上改善城市环境管理的举措仍然很薄弱。由于城市社会系统的复杂性和体制上的限制，在城市治理方面存在着许多挑战。普通居民通常认为政府有责任处理好环境改善与经济发展之间的权衡和双赢关系，而政府官员通常将城市治理的失败归咎于制度体系的限制。对实地研究和实践的不足，一直是阻碍城市向可持续发展转型的障碍。然而金昌市的经济虽然面临着巨大的挑战和不确定性，但它在创新传统生产模式、采用循环和清洁技术以及发展替代产业方面的早期规划将使其受益。此外，环境意识的普遍提高和城市治理的改善，将提高城市利益相关者将可持续性措施付诸实施的主动性。

本章讨论了研究问题3"当地居民对城市环境状况及发展态势的态度及观点如何？在不同类型的居民群体中，他们的响应有什么不同？"对不同居民群体调查的信息显示了人类对城市问题的多角度反应。这反映了在信息相互补充的情况下，敏感和关键的问题可以被揭示出来。第七章将探讨城市社会系统的基本关系结构，以便更好地理解城市社会系统如何影响城市的可持续发展（研究问题4）。

第七章

城市社会系统理解
Urban Social System Understanding

在一个人类和自然的耦合系统中，人类对城市问题的响应以及他们与城市系统的相互作用揭示了城市社会系统的运作动态。将对城市物理系统的理解与对城市社会系统的调查相结合，可以更全面地理解人与城市系统的互动关系。

通过调查城市系统中人与环境相互作用的关键因素，本章在考虑城市可持续发展时引入了社会因素，以更好地理解城市社会系统对城市可持续发展的影响。这解决了研究问题4"城市社会文化系统如何影响城市可持续发展的？"本章建立了一个城市社会系统框架，构建城市社会环境中影响可持续发展的基本因果链，然后对其组成部分进行了研究。

第一节 城市社会系统要素因果关系

城市社会系统如何影响城市的可持续发展，对于将社会元素纳入对城市系统和城市可持续发展的全面理解至关重要。本章进一步利用了深度访谈的信息——包括非正式的和正式的——以及通过观察和相关文件分析收集的其他信息，通过本研究思维导图（图4-1）与访谈信息节点（图4-7）构建因果循环图，形成人类与城市系统之间互动的变量（重要因素）之间的关系。图7-1展示了影响城市可持续发展的社会因素的因果关系概念模型。该模型表明，城市可持续发展的转型能力是由一系列关键因素决定的，这些因素可以分为三个层面：① 利益相关者责任；② 制度发展；③ 个人发展。这些相互作用关联的因素构成了一个综合的具有多个反馈环路（Loop♯ 或 L♯）的城市社会系统。

图中，正极（＋）和负极（－）的箭头标记代表了变量之间的关系。正极意味着两个变量向同一方向发展，负极是指相反的方向，标记（‖）意味着时间延迟或滞后。因果关系图中的圆形箭头代表反馈回路（L♯），显示变量之间的强化或平衡关系。

第七章 城市社会系统理解
Urban Social System Understanding

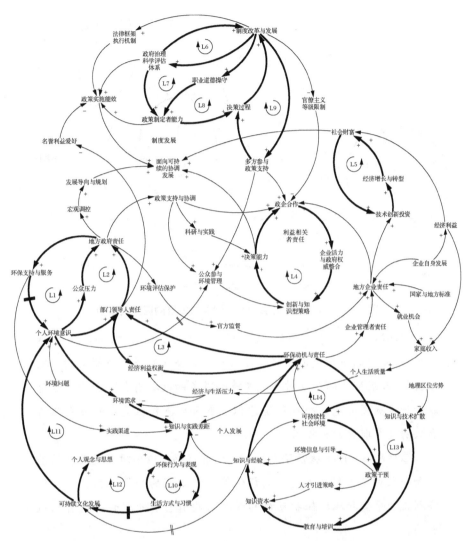

图 7-1 影响城市可持续发展的社会因素的因果关系图

第二节 利益相关者责任

利益相关者责任影响可持续城市发展的因果关系如图 7-2 所示,该图中有五个主要的反馈环路。

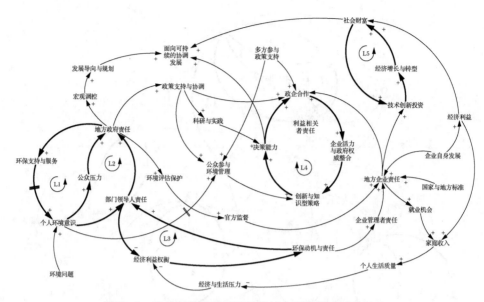

图 7-2 利益相关者影响可持续城市发展的因果关系图

◎环路1（L1）和环路2（L2）显示了变量之间的强化关系。地方当局/政府的举措是由政府官员的职责和公众的压力所驱动的。地方当局/政府职能的加强对环境支持和服务的改善有积极影响，这可以进一步提高公众的个人环境意识。个人环境意识是影响公众压力和政府官员职责的积极因素。

◎环路3（L3）展示了政府官员的责任感、他们对环境保护的动机和个人对经济利益重要性的评价等变量之间的平衡关系。个人经济利益的平衡和环境保护动机的增强对政府官员的职责行使有积极影响。

◎政府与企业的合作通过环路4（L4）改善决策。这种合作通过整合企业的活力和政府权威性，对技术创新和发展战略做出贡献。

◎环路5（L5）显示了企业对技术创新的投资与经济和社会财富的可持续增长之间的正反馈。

一、政府职责

地方当局/政府的举措是由政府官员的职责和来自公众的压力推动的（L1、L2）。政府的职责表现通常取决于政府官员如何考虑城市发展和他们的个人利益（L3），以及他们的社会责任感和历史责任感（R2、R5）。公众施加的压力与当地居民的整体环境意识有关，而环境意识是由他们对环境问题的个人认知和态度决定的。

地方政府在城市发展和环境管理中起着主导和决定性的作用（G1、G7、G9、E1）。在本研究中发现的城市环境管理方法中，地方政府处于宏观调控的地位，履行三项基本职责，即制定城市发展规划、提供财政和政策支持，以及执行环境评估和监督。此外，政府在整合各种多层次资源和力量方面起主导作用，在沟通不同部门之间的合作、召集不同学科的专业人员，以及让公众参与决策等方面起着至关重要的作用（G1、G2、G9、E3、R2、R6）。

政府在环境管理中被认为发挥着领导作用，通过确定城市发展方向和提供环境基础设施来适应和改善环境。企业和居民的意识和行为会追随政府的领导（E3、E10、W2、W6、R9、R13）。特别是，政府有责任平衡当地企业和居民之间的利益冲突，因为他们在追求经济增长和环境改善方面通常有不同的偏好和侧重。近年来，金昌市地方政府采取了重大措施，通过强制当地企业实施环保设施，关闭高污染的小企业，提高企业发展的环境门槛，防止环境进一步恶化（G5、G8、E5）。与此同时，这些措施需要配合加强环境影响评估，提高地方政府的权威监督能力，使得环境改善工作持续稳定推进。

政府的决策能力的加强有赖于科学研究与实际应用的有效结合。作为前提条件，需要加强环境数据来源及其可靠性，以便为研究和决策建立可靠的基础（G5、G10）。同时，在制度支持下，公众环境意识的提高促进了公众参与环境管理的兴起，这有助于制定基于公众需求和知识的战略，更好地满足当地居民日益增长的需求。然而，目前在公众有效参与环境决策的制度方法方面仍然存在缺陷。政府及其下属部门需要强化可持续发展理念，特别强调以人为本的环境管理和发展，推进公众参与从环境规划和投资到环境评估和维护的全面强化管理循环中（G4、G9、G11、W3、R3）。

二、企业责任

当地的工业企业在支持地方经济和提供就业机会方面发挥着举足轻重的作用。在现阶段，矿产开采和冶金工业仍然是金昌经济不可动摇的基础，是未来城市经济转型和可持续发展的主要资金来源（G5、R1、R14）。G11将金川集团有限公司描述为金昌市的"半壁江山"。该企业的主导作用贯穿工业生产、经济增长和转型、污染控制和环境改善,以及当地居民生活质量的提高(G4、G12、R9、R11、R14)。

工业发展的一个重要责任是提高社会福祉。目前,当地主导工业企业被期待采取更加积极主动的举措,以应对城市的社会和环境问题(G4、G8、G10、E6、E7、E10、R5)。如 G7 所述:"一开始,城市的建立是为了服务于工业的发展。对于现在来说,企业有义务将利益回报给社会。"一些受访者反映,当地企业的社会责任感有了很大的改善,并赞扬了金川集团股份有限公司近年来的表现。正如 E10 提到的,当地企业的态度正在发生变化,从只想获得经济利润到考虑其环境影响,并试图做出一些改变。然而,调查也显示,当地企业的社会和环境责任仍未达到公众一致的期望。在 R10 看来,企业的环保意识是浮在表面的,通常被利润的诱惑所打败。

从企业外部来看,当地工业企业致力于减少污染排放,以满足国家和地方标准的环境要求,同时追求经济的持续增长。权威的监督和监测进一步促进了当地企业的执行效率。从企业内部来看,自身发展的需求和外部竞争的加剧,迫使当地企业适应城市发展的新需求。这使得企业需要不断增加投资,学习国内乃至全球的经验,提高先进的生产管理和技术革新的能力(L5),而不是通过暂时关闭工厂来应付上级检查(E5、R9)。在此基础上,要打破城市对高资源消耗高污染产业的依赖,经济转型是必然的选择。此外,企业主要管理者的社会和环境责任感和动机,正在影响着当地企业的责任。这个过程受到企业管理者个人知识和经验的影响,以及他们对经济和环境利益之间权衡的结果。特别是,企业的社会责任被认为是协调企业与社会关系(经济利益和公共利益)的重要因素(Balabanov et al.,2015)。

三、多元利益相关者合作

城市中主要利益相关者的合作和协同作用是产生、解决和创新城市共同问题的催化剂。政府和地方企业这两个主要的利益相关者之间的关系,同时也是矛盾和协调的。一般来说,企业的首要任务是实现利润最大化,而政府的职责是促进社会的协调发展,不同的初衷决定了二者之间不可避免的矛盾。

第七章　城市社会系统理解
Urban Social System Understanding

"作为企业，首要任务始终是追求持续的经济增长。作为当地居民，友好环境和社会福利是他们最关心的问题。作为政府官员，通过宏观调控寻求不同利益相关者的利益平衡，对促进城市可持续发展至关重要。"(G5)

企业和政府之间并不完全对立，而是要相互依赖，实现共赢。"他们只是履行不同的社会角色和责任。"（R4）只有企业蓬勃发展，政府才能实现提高社会福利的目标，加强社会管理能力。同时，政府的监督以及政策和资金支持，保证了企业能够在一个稳定、良好的经济和社会环境中发展（G10、R2）。在目前的政策环境下，政府与企业的联系是"和谐发展"的支柱之一。

作为一家省属企业，金川集团股份有限公司与地方政府有着密不可分的关系，这就决定了企业的决策与政府的政策交织在一起。"金昌市的优势是政府和企业可以坐在一起协商很多问题。"（E7）这种政企关系也意味着企业决策的官僚性和等级性的限制。R12同时指出，金川集团股份有限公司对地方政府总是持有某种程度的对立情绪，因为金川集团股份有限公司并不总是把城市发展、环境改善和居民健康作为企业责任的一部分来考虑。作为一家省属企业，地方政府干预企业运营的权力有限。因此，在这个"公司城市"中，合作将是企业与地方政府之间沟通和建立积极关系的更好方式（Neumann，2016；Sicotte，2009），这种合作方式在其他企业之间也很有效。

政企合作的方式有助于刺激创新，通过整合企业的活力和政府权威性产生实际的战略（L4），这对于平衡经济增长和环境改善是必要的。此外，政企合作还具有互补性的优势。政府处于指导地位，通过科学决策和严格监督提供支持，政府应该给地方企业分配一定的权限和责任，鼓励他们的主动性（G1、E1、E7、E8、R2）。地方企业的发展战略和活动需要与政府规划保持一致，并反馈给社会（G4、E8）。政企合作与公众参与相结合，有助于组织利益相关者的不同利益，提高决策能力，寻求城市发展的优化。然而，目前的模式往往缺乏一个有效的利益相关者之间的沟通框架和渠道，造成了一个挑战多方利益相关者合作的重大障碍。关于这一点，多方利益相关者的合作还需更多财政和制度支持（G8、G10、E9、E10、W4、R1、R13）。

第三节 制度建设

随着可持续发展模式被越来越多的国家和政府所接纳，与可持续发展治理相关的制度问题变得十分重要（Hodgson，2006；Waas et al.，2011）。有一种现象是，由于体制上的限制，与城市环境管理有关的决策没有得到及时和适当的解决。由某种制度体系形成的规则，影响着决策过程和个人行为。图7-3显示了制度建设是促进可持续性转型的一个关键组成部分。四个主要的反馈回路影响着制度的改革和发展，其中决策和政策制定者的能力、规划和决策过程以及政府治理的评估系统是影响战略实施和政府职能有效性的三个关键变量。

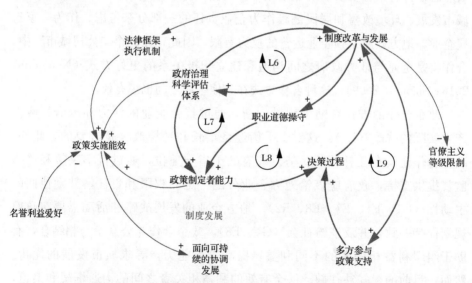

图7-3 制度建设影响可持续性转型能力因果关系图

◎环路6（L6）呈现了政府治理的科学评价体系与制度改革与发展之间的正反馈关系。

◎环路7（L7）和环路8（L8）显示，政府治理的科学评价体系和职业道德操守发展对提高决策/政策制定者的能力有积极影响，这有利于规划和决策过程。

◎环路9（L9）表示加强对利益相关者参与的支持对决策过程有积极的影响。

一、当前治理的不足

目前的城市治理中的诸多不足之处已被受访者关注。一些受访者反映，政府通常更关注口号，而不是实际行动，这导致许多政策的实施与最初的期望之间存在差距（G4、G7、R2、R10）。这反过来又造成了公众对政府的不满。在R1看来，政府有治理的能力和方法，但由于制度和现实的限制，没有很好地执行。

不少受访者反映，政府官员需要靠经济业绩来显示个人政绩（R3、R9、R12）。E5提到，目前地方政府的态度是"谁能促进经济发展，政府就为他/她解决其他麻烦"。同时，地方政府总是处于两难境地，即如何在实施环境保护的同时保持稳定的财政收入。因此，在大多数情况下，污染控制的实施受到了影响。一些受访者将此描述为"政府被经济所绑架"（R5、R15）。R13提到，许多大型项目的开发建设为政府官员创造了巨大的利润和声誉，而当地居民却很少分享到福利。R3进一步强调："地方领导人的想法非常重要；如果他们的想法是正确的，工作就可以做得更好。"然而，R15反映，政府官员总是一味追求GDP的增长，但GDP和居民的幸福指数却没有朝同一方向发展。因此，政府治理迫切需要摆脱唯GDP论的模式，采用科学全面的治理评价体系（L6），否则城市可持续发展将永远是"纸上谈兵"（E1、E3）。

此外，任意投资和不连贯的城市治理被认为缺乏科学规划和长期考虑（G3、G9、E9、E10、W2、W5、R1）。政府领导层的变化与不同的想法进一步加剧了城市治理和发展战略的不连贯性。R12将频繁变化的行政方式描述为"领导层管理方向的频繁改变，使得城市发展经常成为一只无头苍蝇"。这通常会导致城市发展战略实施效率低下，并造成行政资源的浪费。

二、制度改革与发展

制度问题通常是城市治理失败的一个重要原因，阻碍了政府职能的有效发挥。G1 强调，体制改革会触及许多人的利益，因此，特权阶层通常反对改革，以维护他们的既得利益。城市治理失败的另一个原因是，技术和治理的创新通常需要很长的时间，而且与广泛的经济扩张相比，其盈利能力较弱。G1 从一个政府官员的角度来讨论这个问题，他陈述道："如果我是市长，我也会急于追求经济增长的业绩，因为我上任时已经签署了责任书。很多问题是体制问题，其中之一是政府官员的短期评价体系的特点。领导人希望今年建立一个项目，明年生产，后年获得利润。相反，大规模的技术创新和社会改革需要各种力量，这需要很长的时间，收益也很慢。"

城市治理的基础是制度体系，因为制度决定了决策过程。体制发展的一个重要改革是加强公众和其他非国家利益相关者对决策的参与（L9）。许多受访者反映，政府在公开听证会上并没有有效听取公众的意见。正如 W11 所说，"政府与公众是脱节的"。对于大多数人来说，长久以来他们已经习惯了无意参与政府事务。因此，要面对这种现象，特别是要防止政府同时扮演"裁判和运动员"的角色（E1），必须进行制度改革。

决策和政策制定者的能力很大程度上影响着城市治理的有效性。当前治理中存在的问题表明，提高决策和政策制定者的能力至关重要。这需要提高管理者的职业道德操守，改革治理体系，以科学评估治理为核心（L7、L8）。此外，制度改革可以减少官僚主义的限制，同时建立一个法律框架和执行机制，以提高战略实施和政府职能的有效性。

第四节　个人发展

个人发展在引进新知识和执行行动方面发挥着积极作用。鉴于它在通过人们的主观能动性推动研究、技能、政策和管理的发展方面的创造性价值，它在影响经济和城市发展方面也具有强大的推动潜力（Marrocu & Paci, 2012）。图 7-4 显示了个人发展因素如何影响人们的亲环境行为和城市社会系统的可持续性表现。

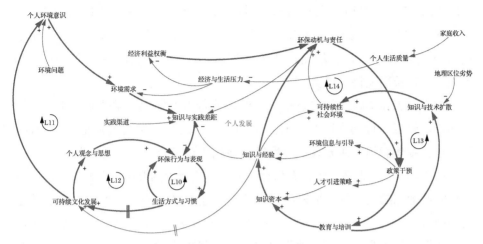

图 7-4　个人发展因素影响亲环境行为的因果关系图

◎环路 10 (L10) 和环路 12 (L12) 是两个正反馈回路，表明人们的亲环境行为和表现受到他们的观念与思想、生活方式与习惯以及他们所处的社会和文化环境的影响。这些变量间是相互加强的关系。

◎环路 11 (L11) 表明，可持续的文化发展对个人环境意识有积极的影响。通过对更好环境的需求的增加，以及知识与实践之间的差距的缩小，环境意识的增强有利于亲环境的行为和表现。

◎环路 13 (L13) 和环路 14 (L14) 表明，改进知识资本管理可以促进个人在可持续发展方面的知识和经验，并通过政策干预所加强的正反馈环路为可持续发展的社会环境做出贡献。

一、个人层面的亲环境行为

调查显示，当地居民的环境意识正在提高，一些人将此归因于环境问题的长期影响（E1、E9、R8）。地方政府提供的环境支持和服务也在一定程度上影响个人的环境意识（R2、R12）。人类自我意识和自我纠正的能力属于亲环境行为适应的范围（R3）。

作为实现可持续社会不可缺少的组成部分，人们的日常行为构成了可持续系统的底线活动。许多受访者提到，他们在日常生活中或多或少都有环保行为，包括一水多用（G3、W3、R7、R10）、少用或重复使用塑料袋（G7、

G8、R2、R10、R11)、家庭垃圾分类（G2、W1)、植树（E1、W1、W2、R1、R3、R9)、绿色出行（G5、R2、R3)、使用清洁能源（R2、R3)、拒绝使用一次性餐具（G8)。然而，只有少数受访者断言他们有非常好的亲环境的习惯，并在长期坚持实践。

  缩小知识和实践之间的差距对于亲环境行为的发展非常重要。正如预期的那样，思想和行动之间总是有差距的。人们的行为不仅遵循他们的想法，而且还受到他们的生活方式、习惯以及他们生活的社会和文化环境的强烈影响（L10、L12)。大多数受访者都有采取亲环境行为的意愿，但根深蒂固的习惯通常给他们的具体行为带来障碍。这被表述为"愿望是一回事，但实践是另一回事"（G9、E1、R1、R8)。一些受访者承认，与他们的想法相比，他们的亲环境行为较少；相反，他们更多的是抱怨别人的不作为（E1、E5、E6、R6)。这就出现了一个普遍的现象，即人们期待更多人采取环境友好的行为，但真正自己切身实践的人很少。此外，经济制约和生活压力等个人因素也影响着人们对更美好环境的要求。更多的财富和闲暇时间会促进人们主动采取亲环境行为，以满足他们对美好环境的需求（G10、E1、R8)。

  同时，对于大多数居民来说，缺乏实践渠道和环境基础设施是亲环境行为实践的关键障碍（G9、E2、W11、R3、R4、R5、R14)。这与地方政府的责任密切相关，地方政府有责任为公众参与亲环境活动提供基本的指导、支持和服务。而政府服务方面的缺乏，导致大多数人没有长期的亲环境生活习惯。如 E5 所述："我不知道从哪里开始，因为我没有经验。有时我真的想做一些环保的事情，但不知道如何去做。"此外，一些受访者反映他们需要更多关于环境保护和可持续生活方式的信息和媒体广播，如 R6 提到："我不知道什么类型的垃圾可以回收，我相信还有很多人和我有同样的问题。"因此，需要由政府主导或组织主导的环保活动，让更多的人参与到可持续的生活方式中。特别是，政府要引导和支持人们的环保习惯的形成。在 E3 看来，只要政府能够提供指导性的信息和便利的渠道，人们采取亲环境行为的主动性会自然提高。

  此外，人的行为往往受到社会和文化环境的显著影响，这些社会文化环境对公民的环境意识和可持续发展意识起着潜移默化的作用（L11、L12)。"随波逐流"是社会环境形成的一个重要现象，它阻碍了亲环境行为的发展（G4、G6、E3、E6、R11、R13)。人们通常认为，一个人的行为不会产生很大的影响（R7、R8）。还有一些受访者反映，他们不采取一些亲环境的行为是因为他们害怕被其他人认为是"不正常的"（E3、W7、W10、R3、R10）。正如E3提到的："有时我选择骑自行车上下班，但我不能长期坚持这样做。很容易找到不骑车的借口。具有讽刺意味的是，公众舆论通常对我的这种亲环境行为产生了负面情绪。我甚至因为不开车而被嘲弄为小气。"

二、知识与智力资本

金昌市地处我国西北地区，其地理位置远离我国的经济和文化中心，这种孤立性阻碍了新思想和新技术的传播，对当地社会环境和知识资本的形成产生了深刻的影响。

在个人层面上，当地人的意识形态或心态被认为是城市发展的一个关键因素。人们的思维方式决定了他们的决策和行为。E8特别指出："如果一个人有一定的地位和特权，他们的决定将产生更大的影响。"然而，金昌市地处偏远，加上当地知识资本略显缺乏，阻碍了新概念和思想的传播。这导致了从技术到经验管理等许多领域的信息匮乏和经验不足（G4、W7、R12）。E9认为，当地的一般思维方式是传统且保守的。当地居民必须"解放思想"，加强知识资本积累，勇于接纳新的想法，尝试新的举措（G6、E2、E9、W11、R12）。

作为社会环境的一个重要组成部分，文化发展影响着个人观念和思想的形成。在R5看来，特别是在中国西部，社会文化发展非常缓慢，"人们的思想不太开放，往往满足于基本生活需求，缺乏长远的眼光来规划未来"。因此，文化发展的重要性应该被强调，以激发个人潜力和社会责任（E1、E3、E8、R5）。

值得关注的是，知识和经验形式的智力资本在我国西部地区比较缺乏。这与相对落后的教育密切相关。许多受访者认为，目前的教育、职业和技术培训无法跟上时代的需要。此外，我国西部的城市在吸引人力资本方面也面临严重困难。当地20世纪80年代后出生的几代人，更倾向于在中国更发达的地区求学和工作，人才流失的情况非常严重（E3、E5、R12）。西部城市的研究机构、大学和研究支持性基础设施相对东部地区来说数量颇少，这又加剧了知识资本的匮乏（R12、R7）。由于知识资本的"软实力"对于加强本地知识库和促进人类文明至关重要,因此有必要进行政策干预,加强教育、培训和人才引进战略。改善知识资本管理可以促进个人在可持续发展方面的知识和经验,并通过政策干预的正反馈循环(L13、L14)促进社会环境的可持续性。

第五节 本章小结

本章对人与环境相互作用的调查显示,城市社会系统对城市可持续发展的影响由三个方面的关键因素决定:利益相关者的责任、制度发展和个人发展。促进城市可持续发展转型的环境管理,必须得到政府、企业、社会和个人的多方共同努力。

制度发展的关键在于改革和完善政府治理的评价体系、决策和政策制定者的能力以及决策过程。目前基于 GDP 的"标尺竞争"导致地方政府更加重视短期经济发展和个人职业成就,这极大地阻碍了有效的政府战略来实现城市的可持续发展。本章支持这样的论点,即改革政府治理的评价体系和发展职业操守对提高地方的城市治理能力、改善决策和有效实施战略是必要的。此外,要实现可持续的城市治理,利益相关者在决策过程中的参与对平衡特权阶层和公众利益越来越重要。

政府对城市发展的宏观规划、财政和政策支持以及对各种利益的协调管理,对城市环境管理的有效开展和协调推进至关重要。地方政府的举措是由政府官员的责任感和公众的压力所推动的。为了应对城市可持续发展的转型,政府和企业之间的合作是至关重要的,通过企业活力和政府权威的高效相结合,刺激创新和产生实际的战略。这可以通过公众参与环境管理来进一步加强,公众参与的目的是提出基于底层知识、体验和经验的战略。

然而,缺乏一个有效的沟通框架是多方利益相关者合作的主要障碍。政府的举措对于确定合作机制和为加强利益相关者的参与提供基本支持至关重要。除了政府及其职能部门,当地居民的参与被认为是环境决策和可持续发展的基础,因为它有助于理清当地问题,促进政府对可持续城市管理的责任。

多方利益相关者有效参与到关于城市问题的对话中来，将有助于建立一个参与性的决策过程，以应对城市可持续发展转型的需要。

文化和个人发展是城市可持续发展转型的重要"软实力"的组成部分。可持续的文化发展通过为亲环境行为的发展提供道德动力而影响个人发展。我国传统的和谐文化已经嵌入可持续发展治理中，显然，这种观点已经渗透社会，并通过与自然和谐相处的文化渗透，在人们的日常行为中产生了积极的推动作用。当地居民的态度和生活方式影响着人们的行为，对于将可持续发展的理念转化为日常生活中的具体行动具有重要意义。亲环境行为发展的关键挑战是缩小知识和实践之间的差距，增强环境意识对于缩小这一差距至关重要。此外，社会环境和环境基础设施的条件通过提供精神支持和实践渠道，有助于人们亲环境行为的发展。知识资本的发展提供了一种催化剂，通过促进知识、动机和利益相关者对可持续发展的责任感来加速这一转变，同时需要通过教育、培训和人才引进战略的政策干预来加强。

本章解决了研究问题4"城市社会文化系统是如何影响城市可持续发展的？"研究结果表明，城市社会系统和可持续发展之间存在许多因果循环的联系，其中一些联系是薄弱的，而另一些则被过分强调。城市可持续发展的转型需要对整个城市系统在实践中如何运作有更具体的洞察力。了解城市转型的关键困境是什么，如何促进城市向可持续发展的转型，将是下一章讨论的问题。

第八章

城市可持续发展转型
Urban Transitions toward Sustainability

经济发展、资源利用、环境影响和人类响应是本研究的基本研究维度。从中央政府到地方政府、地方企业和地方居民的自上而下的响应层次构成了人类活动与城市系统相互作用的框架。动态的城市系统需要适应性的政策和创新,以应对不断变化的挑战。正如前几章所讨论的,金昌市目前的城市环境管理和决策系统缺乏明确的框架和综合方法来促进城市可持续性的转变。此外,能够带来广泛的转型行为和社会变化的动力也较薄弱。在这种情况下,综合型城市环境管理被认为是塑造可持续城市系统的有效途径。本章建立在DPSIR 的概念框架上,重点关注多层次的适应性响应,基于调查研究结果,提出了城市向可持续发展过渡的框架和相关政策建议,旨在解决研究问题 5"在实现城市可持续发展的过程中,关键的困境是什么?如何促进城市向可持续发展转型?"

借鉴前几章的知识和见解,本章围绕如何促进城市向可持续发展转型过渡的问题而展开。在城市可持续性转型方面,政府通常被寄予厚望,负责推动和保障城市的转型。然而,目前的城市管理和决策系统在规划和实施城市转型方面,缺乏明确的框架和综合方法,而且很少有强有力的举措能够带来广泛的转型行为和社会变化。因此,重要的是要在一个特定的地方背景下研究城市的发展规律及治理系统,并试图找到适应性和创新性的方法来改善当前的城市管理,以实现城市的可持续发展。本章将城市视为动态且复杂的系统,分析在我国社会文化背景下,建立政府主导的综合决策和监管系统的方法,并提出多层次和多角度的促进城市可持续发展的转型策略。

第一节 从"不可持续"到"可持续"的现实冲突

城市环境管理是一个复杂的系统。改善城市环境和促进可持续发展的紧迫感明显增强,然而,很少有明确的框架和强有力的方法可以有效地引导城市发展向可持续性的转型过渡。金昌市同样面临着这些从"不可持续"向"可持续"过渡的现实冲突,其原因通常在于制度的限制、政策的影响、区域的特殊性、资源型城市的固有缺陷、城市管理的不善和决策系统的分散。

第八章 城市可持续发展转型
Urban Transitions toward Sustainability

快速的城市化及其后果正在挑战世界上大多数城市的可持续发展，而政府在解决这些问题时可以发挥重要和必要的作用。目前，我国政府仍然把城市化作为促进工业化和刺激国内经济增长的主要途径。在金昌市，密集的工业化和城市化伴随着大量的物质和能源消耗、环境和健康危害，这些都是需要解决的阻碍城市可持续发展的关键问题。如果能够制定和实施适当的决策和战略，这些问题并不是不可克服的。在过去的几十年里，不同的政府部门在多个层面上制定了一系列关于城市发展的规划。然而，这些规划之间的关联和互动很少被考虑，这导致了规划实施的不匹配、冲突和低效率。因此，需要将零散的规划系统转变为一个综合协调的规划和管理系统。

城市管理不仅仅是提出一个变革的战略，还包括收集大量的数据和信息，学习和识别系统内的问题，制定实际的目标和方法，与具有不同利益的多个利益相关者互动，以及评估和重新调整以适应新的问题和目标等阶段。值得注意的是，可持续发展的转型考虑到了政府、私营部门和民间社会等多方主体做出的各种决定，其中个人行为的改变对社会转型的重要性在当前的城市管理中尤其得到了体现。城市管理的复杂性决定了城市转型可能会面临结构、技术、资金和社会方面的限制，并不是所有的努力都能获得预期的结果，有时负面的反弹效应可能会超过预期的收益。因此，迫切需要基于系统决策机制的科学规划和治理，同时，不断的实践和经验学习也是不可或缺的。

近年来，我国政府也在试图将其经济发展模式调节到对环境影响较小的、和谐的、高质量的、可持续的增长，这种转变为向可持续发展转型的政策制定和投资分配提供了有利的社会政治环境。与国家促进城市可持续发展的趋势相呼应，许多城市发展理念和模式已被广泛接受，并在地方上实施。金昌市的地方政府已经越来越多地参与到解决具体的城市环境问题中。这是由国家政策、上级指示和地方发展的需要所决定的。金昌市在"五城联创"[①]的口号下开发的城市模式，通过提供目标指标和激发地方政府的主动性，在很大程度上影响了环境政策和战略的实施。这表明了开发城市模式对于城市可持续发展转型的有效性，而资源利用效率的提高和经济增长与物质流的脱钩则

---

① "五城联创"是金昌市政府从 2009 年开始提出的改善城市环境和发展、塑造城市新形象的口号。五城是指全国文明城市、国家环保模范城市、国家园林城市、国家卫生城市、国家公共文化服务体系示范城市。

促进了这种转型。然而，金昌市在实现"五城联创"的目标方面还存在差距，包括地方企业稳定的排放标准、综合战略的实施、公众的自觉性和主动性等方面的不足。这意味着城市层面的城市模式发展应该持续推进，整合从政府到当地居民的不同部门和代理人，逐步将发展模式从优先发展转变为协调和全面的规划和管理。通过创建"五城"的一系列行动，可以通过组织责任部门和代理人，促进合作和监督体系，激发公众的热情和参与，来改善和创新城市的管理机制。这就要求政府建立一个多方参与的管理体系，让研究机构和多方代理机构参与到创新框架中来，以实现适应性战略和更大的可持续性成果。

可持续性问题的复杂性与持续的城市发展相结合，对城市系统的作用具有重要意义，因为城市有望解决大规模环境挑战和促进向全球可持续性过渡的关键问题。实施可持续发展转型面临的挑战，在于概念和制度限制、经济发展模式、创新和人力资本不足、基础设施建设以及公众参与决策和日常表现等方面。考虑到城市环境管理的现有挑战，亟须更灵活地结合制度创新、经济转型、人类主动性、生态建设和社会转型，结合城市的现实背景，制定实现城市可持续发展的转型路径。

第二节 制度和决策系统创新

当可持续发展模式被越来越多的国家及其领导人接受时，有关可持续性治理的制度问题已经成为一个重要的议题。有一种现象是，由于概念、制度和政府政策的限制，城市的反应在大多数时候并没有及时和适当地解决新出现的问题。因此，创新是必要的，它是探索可持续发展转型的最有希望的方法（Cancino et al., 2018; Elzen et al., 2004; Krlev & Terstriep, 2022）。动态的城市系统需要适应性的政策和创新，以应对不断变化的挑战。

一、观念和制度转型

制度决定了规划和决策过程，城市治理通常以制度体系为基础（Costa

et al.，2004；Liu et al.，2012）。制度政策对城市可持续发展转型的意义可以表述为："最佳实践既是一种政治理性，也是一种政府技术，城市可持续发展的政策问题是通过这种技术来构建和定义的。"（Bulkeley，2006）在城市系统中，关键的城市利益相关者的角色、他们的相互关系和一般行为都是制度化的，这构成了城市管理的基本地方支持框架。

观念的改变和创新是任何改革的必要条件。发展思想和行政体系的根本性变革对我国的环境保护至关重要（He et al.，2012；Liu & Diamond，2008）。激进的创新往往是导致现有系统转型的重要动力。概念创新至关重要，但由于信息、知识、战略眼光和城市环境管理经验的不足，我国西北地区的城市相对难以实现。然而，教育和人力资本以及知识资本管理的改善可以刺激人类思想和观念的内部变化，同时，外部压力和趋势也会促进这种变化和创新。

与大多数资源型城市类似，金昌市仍然不能完全摆脱在战略计划和资源依赖下运作的传统资源型城市发展模式。这导致了政府、企业和社会事务管理之间关系的混乱。因此，政府的职能受到了很大的影响。制度转型的一个重要目的是转变政府的职能，改革现行行政模式。它要求政府部门具有活力，有利于制定和实施新的政策，以应对当前或即将到来的挑战。相关职能部门应加强和改造城市应对不可持续危机的能力，填补城市环境管理方面的空白，消除冗余。

我国诸多城市根据国家建设美好城市的相关政策，陆续开展了许多项目。这些项目确实提高了公众的环境保护意识，认识到了城市环境退化的严重状况及其对城市发展的制约。然而，大多数项目的效果并不像计划的那样理想。空气污染和水污染仍在继续，许多环境保护目标成为空洞的口号，因为GDP的增长仍然是各城市的首要任务。基于GDP的"标尺竞争"促使政府把重点放在短期经济发展上，而把环境和社会发展抛在脑后。

地方政府始终面临着追求经济持续增长和维护地方环境的两难选择。城市的领导层是否持有促进可持续发展的态度，并在决策中涉及可持续发展的思想，这是至关重要的。这就要求政府对环境负责，并能以积极主动的姿态来处理环境和可持续发展问题。要做到这一点，观念和制度的改变被认为是首要条件。此外，中央政府应调整管理制度和税收机制，促进地方环境治理的有效实施（Qi & Zhang，2014）。

二、城市治理与规划

治理和规划是干预城市动态的重要手段,是催化城市可持续发展转型的关键因素。特别是,政府被认为有责任根据国家和全球趋势以及公众的要求,对城市发展做出战略决策。适当的治理是将概念落实到实践中的关键。可持续治理需要采用可持续性原则作为行政规则的一部分,这涉及改进决策系统和透明的监管。不良的治理和规划可能会产生不必要的城市问题,并导致政策产生不利结果。

城市治理和规划需要正确理解各种城市发展问题,满足上层政府的目标和当地居民的要求。然而,在明确如何共同解决不同的目标,以及一个领域的决策如何影响其他领域的活动方面还存在差距。这就要求政府通过采用多种手段和建立一个多利益相关者参与的决策管理系统,加强其在整体规划和治理中的作用。至关重要的是,政府要有明确的愿景和强大的能力来指导城市转型,其中适当和明智的规划是基本的操作框架。将适应性战略和政策纳入科学规划是可持续发展实施的重要方法。政策在做出适当的决定时应该是现实的,需要灵活敏感地不断发展,以解决动态的问题,适应最新的情况,废除不合适的政策。

政府的作用与规划密切相关,政府负责设计和促进规划、实施、监督和评估的过程,这对计划的成功实施具有根本性的意义。随着市场化的深入,政府应该扮演好监管者、协调者和债权人的角色,而不是权利统治者。除了革新传统的政府管理模式外,资源型城市的政府应特别注重制定经济转型的综合规划,通过制定新的产业政策促进产业结构调整,加强环境保护和完善城市绿色基础设施,加快全社会转型,实现可持续发展。

三、利用信息工具改进决策

为了解决复杂的城市环境问题,有必要采用经济激励、公众参与和基于信息的规划和监管等多种环境管理手段。在这些手段的基础上,建议在一个综合决策系统中采用多标准决策(multi-criteria decision making),从多角度、多目标来考虑和解决复杂的问题(Ho et al., 2010;Pohekar & Ramachandran, 2004)。这意味着在决策过程中必须考虑经济、环境和社会可持续性的多个层面和目标，包括它们的相互作用和冲突，以获得更好的解决方案。

在信息时代，一系列基于信息的工具都可被用于促进城市转型的有效实施。Rode 和 Burdett（2011）将城市可持续发展转型中的各种信息工具概括为监测、参与和意识三个方面（表 8-1）。这些源于许多成功案例的工具对金昌市的转型具有实际意义，特别是在革新环境管理系统、加强公众对城市发展战略的参与、提高公众对可持续生活方式的认识和培养可持续行为方面。值得注意的是，所有这些工具都是决策的辅助工具。城市的利益相关者负责做出决定并承担这些决定的后果。这些工具将帮助他们更好地理解城市问题，改善决策过程，并做出更有效的决定。技术信息指导和社会监管执法的结合对于在多层次的利益相关者中有效地实施可持续发展转型战略具有重要意义。

表 8-1 城市可持续发展转型的信息工具

信息工具	说明
监测	
环境绩效衡量	在城市层面为环境绩效引入新的核算方法和基准标准
环境绩效目标	在城市可持续发展指标的基础上，制定明确的基于时间和行业的具体目标
碳预算	确保各级城市发展战略或政策都必须考虑碳排放的影响
生态预算	把自然资源和环境质量作为预算
城市生物多样性指数	将量化生物多样性、生态系统服务和相关管理相结合
地理信息系统（GIS）	整合 GIS 技术来追踪和规划城市发展
参与	
在线访问	增加城市发展相关信息的互联网接入
公众咨询	基于具体城市问题，与当地社区和政界人士进行接触和公开辩论，提出和捍卫发展计划
当地活动	利用地方行动主义的潜力，基于社区项目改善地方环境
透明度	确保政府治理透明，推进信息立法
电子民主	承认电子政务和公众参与在提供信息、监测和实现可持续发展目标方面的作用

(续表)

	意识
教育	为公共和私人机构提供可持续发展教育的学校课程和相关培训
公共运动	提高对可持续城市战略优势的认识，特别是对可持续生活的认识
标签	为消费品贴上环保标签，有助消费者做出更明智的选择，并为环保消费提供额外的诱因
智能测量	引入智能监控和计量设备，提供日常生活中资源使用的实时信息
信息资料	为居民提供可持续生活的资料，建立新的日常生活习惯
地方实践	传播在其他地方开展的可持续城市项目的信息，以促进地方适应
示范项目	在城市内建立试点项目，以便更好地评估、适应和公众接触新方法

四、加强利益相关者多主体合作

　　治理和规划的过程与多方利益相关者的协调合作与城市转型创新息息相关。信息和经验的缺乏通常会导致城市规划和治理的低效率，这突出了在城市规划和决策中涉及基于环境的分析和参与的价值。人们普遍认识到，从政府到工业部门，再到当地公众，多层次的利益相关者的合作和协调对于缓解当前环境管理的薄弱环节至关重要。城市中主要利益相关者的合作和协同作用是产生、解决和创新城市共同问题的催化剂。因此，对利益相关者参与的制度支持对于改革可持续城市治理的决策过程具有重要意义。

　　研究机构和代理人更多地参与合作创新框架，可以促进理论研究和适应性战略的实施，从而在城市转型探索中取得更多的积极成果（图8-1）。在这个网络中，所有的代理人都向外界开放，以实现知识和信息的有效交流。加强政策制定者和研究人员之间的互动可以促进研究成果向决策转移（Bhagavatula et al. , 2013）；企业通过与研究机构的合作获得技术成果并推广应用；政府可以通过采取具体政策和适当的财政策略来刺激和协调技术创新和成果转化；中介机构，如环境非政府组织，负责传播技术成果和加强各代理机构之间的合作（Jepson, 2005; Princen et al. , 1995）。值得注意的是，行业协会可以作为一个重要的中介机构，与政府、企业、学术界和第三方合作，通过建立新的创新体系和提升产业结构这两种方式来引导技术创新。

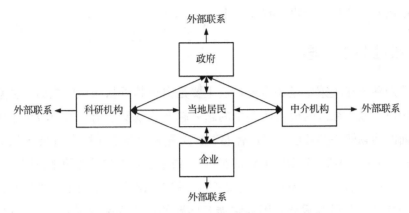

图 8-1　多方利益相关者的创新合作框架

鼓励政府、企业、研究机构、社区和个人通过分享他们的意图、知识和利益，在城市决策管理中进行合作。这种多元利益相关者的合作有助于创造机会，加强知识交流，协调冲突的观点。这需要政府建立一个平台，组织不同利益相关者之间的关系网络，需要地方政府在规划和决策中塑造一个"共同创造的过程"，让多方利益相关者"相互信任"（Nevens et al.，2013）。政策制定者和研究者之间加强互动，也有利于连接研究和实践。一个关键的问题是，许多研究成果无法在决策中转移和应用。因此，促进科研成果成功实施的一个有效途径是鼓励政府和研究机构通过联合项目建立合作，同时相互促进和学习。

我国的大多数矿业城市都沿用了苏联的"一厂一城"模式（Cinis et al.，2008）。这种管理体制导致了地方政府和企业之间复杂的利益关系。在经济转型和城市转型方面，双方都希望对方在资本投资、环境改善和基础设施建设方面承担更多的责任，但在产业规划和责任分配方面却缺乏有效的沟通。这种情况不仅会给资源的优化配置带来负面影响，而且会产生利益冲突，阻碍产业结构调整和城市经济转型。因此，迫切需要加强这两个利益相关方之间的沟通与合作，其中联席会议、重大事件的沟通、两个系统之间干部的交流等都可以成为重要的方法。此外，行业协会特别代理机构的介入也有利于促进信息交流，提供服务，协助产业结构调整的合作。我国目前的行业协会有三种不同的组织形式，即政府组织的行业协会（GOIA）、自我组织的行业协会（SOIA）和半政府组织的行业协会（SGOIA）。与其他两种形式相比，政府组织的行业协会被广泛采用，但半政府组织的行业协会在协调和促进经济转型中的政企合作方面更为有效（Cheng，2013）。

五、鼓励公众参与

公众参与在决策中至关重要，这主要是由于其贡献知识的能力。公众知识的价值和基于社区的倡议所产生的越来越多的基层创新，参与城市生活各个层面的问题解决和社会学习，有助于解决复杂的环境和社会问题（Seyfang & Haxeltine，2012；Smith et al.，2013）。鼓励公众参与的原因来自道德、政治和知识价值的考虑（Andersson，2008），其中知识贡献的价值对处理复杂的环境和社会问题最为重要，因为它涉及问题的解决和来自城市生活"底部"的社会学习。从社区倡议中产生的越来越多的基层创新是促进可持续性转型的重要来源。出于这个原因，公众参与在决策中是必不可少的，因为它具有产生创新和创造力的能力。然而，目前出于"社会稳定"的考虑，公众对政府决策的参与是不充分的（Li et al.，2012）。在金昌市，公众对政府决策的参与度很低，大多数人对此并没有意识和意向。尽管公众参与的重要性已经得到承认，但公众意见还没有被正式有效地纳入环境治理中。

公众参与反映了政府与当地居民、社区和许多其他公共和私营部门及组织的利益相关者在参与式决策过程中的合作关系。同时，公众参与也对地方政府施加了公众压力，以克服环境治理的一些弱点。公众参与可以通过加强多元利益相关者之间的互动，促进环境治理和决策更加有效和负责任。倾听和学习公众的意见，以探索一个更加多样化、广泛化的合作和决策环境至关重要。因此，有必要促进公众参与决策过程，为多方利益相关者创造一个讨论共同问题和目标的平台，并同时平衡他们的利益分歧和趋同。这涉及决策过程中的制度转型，以及加强政府和企业的信息公开，以提供基本信息，促进公众了解和评价。此外，教育、宣传和其他促进公众参与决策的方法也是必要的，以激发公众的参与欲望。

第三节　城市经济转型

经济活动在生产效率提高、技术创新和利益相关者伙伴关系的形成中发挥着重要作用。经济转型是摆脱资源型城市的桎梏、适应全球经济发展的趋势，通过创造新的机会和解决方案来满足当前环境和社会价值的关键。经济转型的目的是引导城市经济发展走向高效、循环、多元化和环境友好的可持续增长。处理城市经济转型有两个基本问题：一个是保持经济的稳定增长；另一个是在生产和消费增长的压力下维持生态环境稳定。除了长期的经济繁荣，经济转型在资源型城市中的另一个关键功能是改革城市新陈代谢中的物质流动模式，以提高物质和能源效率以及环境的适应性。

一、产业多元化转型

鉴于来自资源限制和环境压力的挑战，经济转型是资源型工业城市多元化发展的必然要求，符合资源型城市发展的战略利益。这种变革将通过创造新的经济机会和转型方案来解决当前的资源环境和社会问题。经济转型的意图是多种多样的，然而，企业的焦点是最大限度地提高利润率。因此，政府、行业协会和研究机构的干预对成功的城市经济转型是必要的，其重点是改革现有产业和促进经济结构调整（图 8-2）。这种转型的目的是振兴和加强经济体系，同时在考虑环境因素的前提下提高城市的宜居性。

改革现有产业是促进产业升级，改变城市高投入、高排放的物质流动模式的直接途径。通过将既定的线性程序轨迹转变为"从摇篮到摇篮"的循环模式（McDonough & Braungart, 2002），使工业活动更具有资源效率和生态效益，其基础是将利润再投资于创新技术和工业流程。通过对金昌市的物质流分析（第五章）可知，提高物质材料利用率是促进可持续性的方法之一。通过这一途径，城市经济和环境之间的共生关系有了很大的进步，这表明了城市潜在的可持续性趋势。要保持这一趋势，要求持续将清洁生

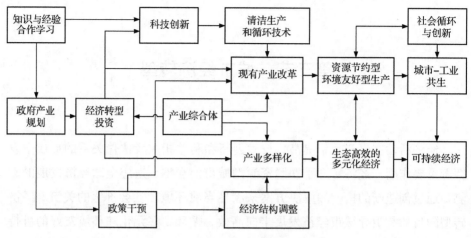

图 8-2 促进城市经济转型和多样化

产、循环经济的理念和技术注入现有产业、新兴产业以及生态产业中（Dunn & Bush，2001；Sarkar，2013）。这对金昌市的主导产业尤为重要，这些产业作为"2H1R"产业①，引起了中国环境政策的高度关注（Huang et al.，2010）。经济转型要求当地工业企业在合理开发和资源利用方面做出努力，更新现有的技术和设备，采用清洁生产和循环经济的原则和技术，并延长工业供应链，通过增加最终产品的价值来延长工业的寿命。同时也要加强工业生产中的持续生态创新和实践，实现城市经济与物质依赖和环境干扰的稳定脱钩。

对于资源型城市而言，经济结构调整的重点是培育多元产业，缓解重工业在城市经济体系中的权重。发展多元经济，促进中小企业的快速发展，培育新的经济增长点，这不仅取决于市场自动多元化能力的提高，而且在很大程度上依赖于政府对高科技和特色的新兴产业的优惠政策和投资。第一，需要大力鼓励发展高新技术产业，提高产品的附加值，这要依托但不限于现有产业。第二，推广适合我国西北地区的特色农业体系，包括麦芽的工业化种植、无公害蔬菜、优质羊肉及其副产品，以及其他与我国西北地区的自然气候特点相适应的特色农业产业。第三，推进经济结构调整，积极发展旅游和

---

① "2H1R"产业是指高耗能、重污染的资源型产业，是中国资源枯竭的主要原因和污染排放的主要来源。

服务业等第三产业。以自然景观和地方遗产①为基础，整合特色的西北文化和娱乐，提升地方旅游的规模和水平。近年来，金昌市通过打造"花城"②，新建多种风格的城市花园，有效改善了城市环境，促进了当地旅游发展。此外，通过重建"新丝绸之路"③，有利于我国西北部的经济转型，为加强贸易、基础设施、投资、资本和人员的连接提供了有利条件。

二、促进清洁生产与循环经济

涉及企业层面的清洁生产、回收和再利用的工业改革在提高资源/能源利用效率和减少废物/污染方面发挥着重要作用。地方工业企业向资源节约型和环境友好型活动进行自我改革是至关重要的。2003 年，发展循环经济的战略被纳入国家科学发展政策，企业和工业园区成为工业系统中实施循环经济战略的主要责任（Geng & Doberstein，2008）。受这一政策的影响，金川集团股份有限公司启动了一系列的技术升级项目和环保措施。自 2008 年开始，地方政府和金川集团股份有限公司在城市环境改善方面的合作通过许多联合项目得到了进一步体现。2009 年，金川集团股份有限公司投资 231.8 亿元实施"蓝天碧水"工程，以改变污染和环境恶化的严重局面，这一举措包括污染控制、废物管理和生态景观重建等 26 个子项目。然而，鉴于空气质量仍不稳定，一些排放物未被记录在案，这表明有必要对排放物进行更严格的控制和监督，以彻底控制污染。

引入清洁生产和循环经济（或绿色经济）是摆脱对物质投入和产出高度依赖的适当途径。在这种情况下，非物质化和提高效率成为工业转型过程中改革物质流动模式的重点，而金昌市的技术发展进步也证明了这一点是可行的（第五章）。金昌市的循环经济已经发展了近十年，但仍处于早期实践阶

---

① 金昌市当地的遗产包括祁连山脉的原始森林、古罗马遗址、汉明长城、西汉李骞遗址、建于唐代的圣容寺和明代的钟楼。
② 当地政府借城市花城景观，推出诸多吸引游客的优惠政策，例如为来自外省的游客提供补贴，免费为来自各地的情侣举行集体婚礼。
③ 共建"新丝绸之路"的概念由习近平总书记在 2013 年提出，行动计划于 2015 年发布。它也被称为"一带一路"，包含一个"丝绸之路经济带"和一个"21 世纪海上丝绸之路"。"新丝绸之路"试图促进经济增长，并促进与亚洲、欧洲和非洲国家的战略伙伴关系。

段。为了进一步深化循环经济的改革,金昌市提出了以金川集团股份有限公司为产业链核心企业的"金昌模式"①,建立更好的资源利用、循环网络和区域工业生态来创造工业共生,为地方工业应对环境和资源枯竭的挑战提供了路径(Chertow,2007;Dong et al.,2015;Lombardi et al.,2012)。

循环经济的应用是在工业生产层面进行的,主要目标是在几个工业部门实现资源利用效率的最大化。迄今为止,在将循环经济扩展到产业集群和城市社会系统方面还存在着不足之处。因此,需要形成一个涉及政府、工业企业和公众参与的三个层次的循环系统,包括生产过程中的小循环圈、工业部门的中循环圈和城市社会的大循环圈(图 8-3)。在这个综合循环系统中,政府有责任通过立法、规划、建立激励机制和调整经济发展的评估标准来促进循环经济。工业企业也需要不断加强在生产过程中应用循环经济技术的能力,在工业部门之间建立循环网络。同时,可以通过长期的教育和宣传,在改善环境基础设施的基础上,加强公众对社会循环的参与,将循环经济的理念渗透到人们的日常生活中,结束"丢弃式社会"。

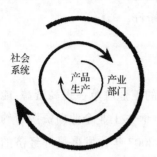

图 8-3 城市系统中的三层循环圈

三、支持性政策和融资保障

仅仅通过当地企业和其他经济实体的自发行动来鼓励经济转型是不够的。这对我国西北地区的城市来说尤其困难,因为技术知识和经验相对匮乏。因此,政府的支持性政策和融资担保对于促进转型战略的倡议和实施至关重要,善用政策干预为城市转型提供支持性环境是明智之举。

金融体系促进经济发展的杠杆作用对经济转型至关重要。此外,政治和政府政策对金融体系也有深刻的影响,如何支持和资助城市转型是政府的一个重要角色。然而,商业活动极大地影响了来自社会底层的资本流动。因此,治理和融资这两种方法需要结合起来,通过有意的规划和投资来促进城市可

---

① 2011 年,国家发改委公布了区域、园区、企业三级 60 个循环经济典型模式案例。"金昌模式"被确定为全国 12 个区域循环经济典型案例之一。

持续发展转型。

政府需加强对经济结构调整和技术创新的政策和融资支持,加强专门的规划和监管,同时采取融资措施,以促进经济结构调整,并通过经济系统引导资本流动。这些措施包括:为有利于经济结构优化的新兴产业提供优惠政策;关闭或改造那些高能耗、高污染而又缺乏提高生产效率能力的传统产业;发展中小企业,鼓励大中型企业向中小企业转移技术、资金和人才,以促进经济多元化,建立健全经济体系;建立科技创新基金,支持高新技术和新兴替代产业的发展;改善民间投资、融资和税收的渠道和方式,为多元化和积极投资提供更多服务。政府要发挥地方企业,特别是中小企业的创新在促进经济转型中的重要作用(Klewitz & Hansen,2014)。

此外,在知识和技术积累的过程中,无论是技术引进还是创新,都应该得到很多政策支持。政府在科技投入方面的资金应向全社会开放,这样才能鼓励各部门、各单位和个人的研究和应用成果。对具有自主知识产权的新技术、新产品的开发,应给予适当的财政支持、税收减免和奖励激励。最后,除了关注重大科技创新项目外,政府应允许更多企事业单位公开竞争公共项目,在更广泛的社会范围内调动技术创新和经济转型的积极性。除此之外,政策支持和资金投入的重要性还体现在科技创新和人力资源管理上。

第四节 技术创新和人力资本管理

城市的可持续发展遭遇瓶颈,要求在技术和工程方面进行新的阶段性创新,整合技术、环境和社会方面的多学科。技术创新是对城市系统进行重大改革的基本动力,它在促进城市各方面转型的作用是潜在的城市可持续发展转型的基础。同时,我国西北地区人力资本的稀缺性突出了加强人力资源管理的重要性,以培养促进城市转型的智力资本,特别是在技术创新、科学管理和彻底的社会转型方面。

一、完善技术创新体系

资源型城市普遍面临诸多可持续发展的危机和挑战，然而，危机可以促进创新，挑战不应该被视为障碍。鉴于资源有限，生产和消费不断增加，自然环境不断下降，科技创新被认为是可以对抗这些巨大压力和突破增长限制的关键因素，它是将压力转化为城市可持续性转型的机遇和关键点（Timmermans, 2004）。此外，在全球向知识和信息经济时代过渡的过程中，技术在主导经济增长和城市发展方面发挥着越来越重要的作用，而自然资源的限制将相对减少。

对金昌市的物质流分析已经证明了技术进步对抑制物质材料投入和污染性物质产出增长的重要性（第五章）。然而，随着人类需求的增长性和资源环境的局限性，持续技术创新的压力从未停止过，这表现在经济增长和物质流动之间不稳定的脱钩状态。这表明，知识和技术积累的过程应该得到越来越多的政策支持，采用适当的财政支持、资本投资、免税和奖励措施，并向全社会开放，以鼓励所有部门、组织和社会的技术创新和技术成果的应用。

在我国，各地区间的发展存在不均衡性，因此区域层面的创新更为合适和适用。应针对我国西北地区技术发展的薄弱环节，完善技术创新体系。首先，加强政府干预，通过增加研究与开发投资来加强技术创新领域的投资。同时，改善知识资本管理和公共知识基础设施的建设，如图书馆、科学博物馆和信息网络，以提高整个社会的技术创新能力。这也是解决受访者提到的与城市基础设施薄弱有关的问题。其次，充分利用区域外的知识、技术和智力资本，促进本地企业、研究机构和世界各地的先进企业之间的合作和开发联合项目，同步推进自主创新和技术引进。最后，在面向城市转型的决策中必须考虑技术创新，知识和技术可以通过多主体合作网络得到有效传播和利用（图8-1）。

二、扩大教育和技术培训

教育通过知识传播、观念转变和生活方式的改变，培养居民的可持续行为，促进城市的可持续发展转型。没有证据表明教育和科学一定能促进技术和社会创新，但教育和创新之间的复杂关系暗示了教育在促进创新产生方面的潜力。

教育被认为是对智力资本培养的直接投资（Gibbons & Johnston，1974；Nelson & Phelps，1966）。通过知识传播、观念转变和生活方式的改变，它在智力上促进可持续性转型和培养亲环境行为方面起着至关重要的作用（Foo，2013；Liefländer et al.，2013）。教育和培训，尤其是高等教育，与积极的经济表现密切相关，同时它也取决于人们的职业，并取决于人们与知识和创新的创造和传播的联系（Marrocu & Paci，2012）。这对政策/决策制定者尤为重要，他们的想法和能力会在更大程度上影响决策。因此，必须认识到教育和人力资源管理的重要性，以最大限度地提高人力资本的有效性。

此外，环境教育是认识环境价值、培养可持续行为的重要方法（Martin & Wheeler，1975）。环境教育的最终目的是促进可持续发展，这种教育应该在参与和以行动为导向的指导方面得到加强（Tilbury，1995）。特别是对年龄较小的儿童（尤其是11岁之前）进行环境教育更为成功，因为他们更容易养成亲环境的习惯（Liefländer et al.，2013）。这突出了在教育的早期阶段开展环境教育的重要性，以培养可持续的生活方式和实践。此外，仅传播信息以唤起人们对环境问题的重视是不够的，技能培训和参与环保活动对环境教育也至关重要，这有助于弥补人们在环境活动中的知识和实践之间的差距。此外，个人和社区拥有的经验知识也应得到重视，以便从过去的经验中学习，为可持续发展战略提供有意义的见解（Beeton，2006）。

与我国东南地区相比，我国西北地区的基础教育服务水平相对较低。改善这一点不仅对个人福利有直接的意义，而且对当地的人力资本培养、技术应用和城市发展也有好处。让更多的人掌握实际应用中的知识和技术是非常重要的。事实证明，学习和技能培训的过程是成功的城市转型系统的关键因素。技能培训对劳动力来说尤其重要，有利于提高生产力和创新激励。此外，地方政府应积极推动高等教育机构的建设，利用城市的产业基础，培养高级管理和技术人才，为城市转型提供知识和技术支撑。同时，要把整合各种教育资源、文化资源和互联网资源作为政府城市管理的一个组成部分来发展，构建面向社会的开放式教育体系。

三、人力与智力资本管理

要实现有效的城市转型，观念、政策、制度、经济和技术的管理是必要的,但并不充分。智力资本(或知识资本)作为社会资本和人力资本(拥有高学历和高技能的人)的一个子集,是私人和公共投资的创造性关键。它反映了社会的理解,影响着人们的价值观和行为(Pretty & Smith, 2004)。鉴于人力和智力资本在推动研究、技能、政策和管理发展方面的积极创造性价值,它具有影响城市经济和转型的强大潜力(Marrocu & Paci, 2012)。

针对我国西北地区人力资本稀缺和外流的现状,迫切需要加强人力资源管理和人事制度改革,培养和吸引人力资本,特别是具有高学历、高技能的人才,以推动技术创新、科学管理和社会转型。需要加强基础教育和职业培训,提高公共教育水平,培养专业技术人才,这也是一个适应新环境和挑战的终身过程。职业培训尤其有利于提高决策者的决策能力。同时,应鼓励高等教育机构的发展,培养高级管理人才,提供知识和技术,以支持创新和城市转型。

金昌市与整个西北地区一样,需要通过改善教育、分配奖励和优惠政策来特别关注知识资本的发展和人力资本的吸引。首先,推动全社会人力资源管理的发展,是建立完善人才选拔任用机制的基础。在这个机制中,优秀的人才可以有机会在适当的岗位上展示自己的能力,并得到相应的有效提升。其次,完善与人事保障相结合的分配激励制度是关键。分配激励制度应根据人员和岗位的特点,采取多种形式,如增加津贴工资和绩效工资。同时,不断提高社会保障和物质生活水平,也是建立人员保障制度的当务之急。最后,也是最重要的一点,地方政府可以通过提供特殊津贴和物质保障,为吸引和留住合适的人才创造有利的环境。通过制定工资收入、生活补贴、项目启动资金、技术评估等方面的优惠政策来执行这一战略。

第五节 构建可持续型社会

城市可持续性转型涉及结构和社会两个方面。可持续的城市发展不仅仅是科学的管理、强劲的经济和恢复的物质生态环境,而且必须让居民和他们的生活方式融入可持续社会中。一个可持续发展的社会将和谐和长期

第八章 城市可持续发展转型
Urban Transitions toward Sustainability

发展的理念融入地方社区,促进环境保护、绿色生活、适度消费和健康的生活方式(Carley et al.,2013;Hackett,2006;Lubowiecki-Vikuk et al.,2021;Roseland,2012)。提高生活质量和培养可持续的生活方式是可持续发展的社会方面的两个重要问题,这也会影响城市可持续发展战略的实施。我国早在2004年就强调了建设可持续社会的重要性,提出要把建设"和谐社会"和"资源节约型、环境友好型社会"作为国家发展目标。实现这些目标的挑战和机遇在很大程度上取决于个人行为和生活方式,而个人行为和生活方式与城市绿色基础设施和邻里社会环境有着密切的关系。许多城市居民反映,缺乏实践渠道和社会环境是阻碍居民日常可持续性行动的主要障碍。为了实现可持续型转变,适当的政策和环境基础设施可以帮助改变人们对可持续生活方式的态度,缩小他们思想和行动之间的差距。

一、生态环境和绿色基础设施建设

生态环境是可持续发展的一个重要组成部分。越来越多的研究者倾向于嵌套式可持续发展模式(与三支柱模式相比),其中可持续发展的环境维度是经济和社会可持续性的基础。经济和社会进程可以在时间和空间尺度上影响城市环境,而城市环境的改善在很大程度上依赖于持续的生态和绿色基础设施建设,这可以促进城市形象从"污染和恶劣"转向"清洁和宜居"。为了积极适应当地环境和公众的要求,城市建设实践的变化应针对环境友好型城市,将城市规划与环境保护规划相结合。特别是,生态环境建设有利于吸引公众的注意力,促使他们在从日常生活到决策参与的所有活动中考虑环境问题。

在"五城联创"目标的推动下,金昌市开展了大规模的生态环境建设,使得金昌市在2013年成为中国宜居城市100强之一(排名第77位[①]),并在2014年被住房和城乡建设部授予"国家园林城市"称号。金昌市的生态环境建设涵盖了多个领域,重点项目涉及污水处理和再利用、绿地开发和景观改

[①] 排名根据中国社会科学院(CASS)在2013年发布的《2013年中国城市竞争力报告》而来。

造。金昌市东湖①和龙泉景观带②的生态建设是两个成功的生态环境项目，将污水处理和回用与景观改造相结合。北部绿色屏障③已成为最重要的绿色空间开发项目之一。同时，作为"蓝天碧水"的生态环境修复项目，金昌市政府建设了一个植物园④，并将尾矿坝活化为矿山公园⑤。这些城市绿化和使城市周围的大片贫瘠土地恢复生机的努力，显著改变了城市的绿地覆盖率。当地的生态环境建设也受到了许多受访者的积极评价，它表明生态环境建设取得了实质性进展，同时也体现出生态环境建设对满足人们对宜居环境需求的重要性。

坚持"绿水青山就是金山银山"的基本生态保护理念，城市环境管理的社会化也很重要，以动员城市居民参与环境管理，建设环境友好型社会。增加城市绿色开放空间对于动员城市居民参与环境保护至关重要，这是城市环境管理社会化的一种方式。这不仅有利于环境的改善，也有利于让当地居民

---

① 东湖，又称金水湖，位于金昌市东部城区，总面积约 2.36 平方千米，水面面积 0.6 平方千米。它建于 2005 年，是我国西北部最大的城市人工蓄水景观。该项目是一个利用工业净化水来帮助解决城市污水储存和利用问题的综合体，同时提供休闲、旅游和生态保护功能。

② 龙泉景观带的改造是一个"黑河重生"的故事，它把以前又脏又臭的河道改造成了一个有水景广场、雕塑和步行走廊的休闲综合体。龙泉景观带是金昌市 2008 年 6 月启动的八个城市景观建设工程之一，沿着老城区的西渠而建，全长 2 650 米，占地 10 万平方米。

③ 北方绿色屏障是国家"三北"防护林建设的一个片段，是我国北方降低风速和固沙的有力防风措施。"三北"防护林工程是指在三北地区（西北、华北、东北）进行大规模的植树造林生态工程建设。为了保护我国的生态环境，该工程从 1979 年开始实施，是一项重要的国家工程。经过 30 多年的培育，金昌市的北方绿色屏障已经成为金昌市区最大的一块绿地，种植了大量的树木。为了充分利用北方绿色屏障的缓冲优势，金昌市政府从 2010 年开始将该区域改建为集生态保护、景观欣赏、休闲娱乐等功能于一体的开放式公园。

④ 金昌市植物园完全被封闭在一个具有循环气候控制的温室里，面积为 7 100 平方米，包含了来自热带、亚热带和沙漠地区的 4 万多种植物。这个现代化的温室已经成为我国西北地区一个独特的绿色空间，供公众参观、休闲和科学教育。

⑤ 尾矿坝改造是金昌市最大的景观改造工程。金昌市政府于 2009 年启动了将尾矿坝活化为矿山公园（即金昌金川国家矿山公园）的项目。矿山公园围绕老的露天矿（我国迄今为止最大的露天矿）建造，总面积为 3.1 平方千米。它包括城市观景平台、山区绿化区和采矿参观区。绿化区（约 1 平方千米）的灌溉水来自生活污水和采矿坑道的处理废水。矿山公园集生态功能、视觉效果和休闲功能于一体，展示了一种合成的生态环境建设，使生产的废弃物具有生态价值。

参与城市环境管理。居民的自觉活动可以被认为是"软环境",可以补充自然环境条件的不足。从这个角度来看,应该加强社区或地区范围内的公共空间的生态建设,增加城市绿色开放空间。这不仅有利于环境的改善,也有利于让当地居民参与城市环境管理。公共空间及其相关的社会互动在促进信息和知识从底层向治理层转移方面发挥着重要作用(Radywyl & Biggs, 2013)。因此,公共空间的生态建设也可以是一种动员居民自发参与环境决策的途径,成为促进亲环境行为和公众参与的一种方法。

绿色基础设施的建设是增强城市恢复力、促进城市可持续发展的另一个重要环境层面(Dieleman, 2013;Newman et al., 2009)。城市基础设施可以潜在地影响城市物质和能源流动,并促进资源节约的行动(Guy & Marvin, 2007)。因此,城市基础设施改善的两个关键是促进资源和能源的更有效利用,以及发展可持续行动。城市基础设施的重建需要适当地优化社会系统中的物质流,主要集中在城市集中供热、供水重建、污水处理、垃圾处理、道路重建和社区设施的实施。例如,利用再生水和雨水进行厕所用水的改造,不仅可以有效地节约水资源,还可以促进人们日常生活中环境友好行为的发展。

从实现可持续城市形态的角度来看,振兴城市内部空间和改善基础设施应该比扩大城市空间面积更加重要(Newman & Kenworthy, 2000)。从这个角度来看,需要高性能的建筑和基础设施来改善城市的物质建设,需要综合设计和先进的技术来带来重大的变化。在这个过程中,建筑和交通这两个主要问题应该被关注,因为它们在能源、材料消耗和污染排放方面对当地环境有很大影响(Cabeza et al., 2014;Decker et al., 2000;Mahdavi & Ries, 1998)。此外,最大限度地重新利用现有的城市土地,限制城市扩张,以确保所有的城市土地都以适当的密度进行规划和开发,这一点至关重要。例如,在屋顶空间、闲置的城市空间和经许可的公共花园中进行小规模的城市农业的多功能土地利用也是一种流行的城市生态建设方式,这具有比食物生产功能更多的环境效益(Lovell, 2010)。

二、城市空间形态适应

对于地处西北地区的资源型城市来说,城市发展转型必须解决来自空气污染的压力、长期沙漠化的后果以及城市早期布局规划不当等问题。精心设计的城市空间形态,能够帮助城市避免污染集中,改善城市微观环境,并降低物质材料和能源消耗(Edussuriya et al., 2011; Jabareen, 2006)。

一个可持续的生态环境需要嵌入适当的城市形态中。在过去40多年里,金昌市经历了快速的城市建设,城市空间布局也发生了重大变化。金昌市早期的城市布局与采矿业和有色金属冶金业息息相关,工厂区与居住区紧密相连。尤其在2000年至2005年期间,金川集团股份有限公司的"做大做强"战略导致高浓度的空气污染,对当地居民的健康造成了严重的负面影响。近年来,金昌市不断优化城市空间形态,特别是涉及以符合盛行风的方式分离住宅区和工业区,以消除生活区的污染。风是缓解空气污染的一个关键因素,调整后的城市空间形态使得住宅区位于常年西北风的上风方向,可以避开空气污染的密集影响。由于地处西北戈壁,金昌市用于城市建设的土地资源较为富裕,使得城市空间形态的适应性调整是可行的。这涉及调整城市空间布局,将住宅区向北迁移,将工业区向东延伸,改造旧的城市街区,逐步将住宅区移到新华路(从城市西部延伸到东部的中心道路)以北和北部绿色屏障以南(图8-4)。在盛行风和城市区域之间的绿色屏障有助于缓解灰尘问题。

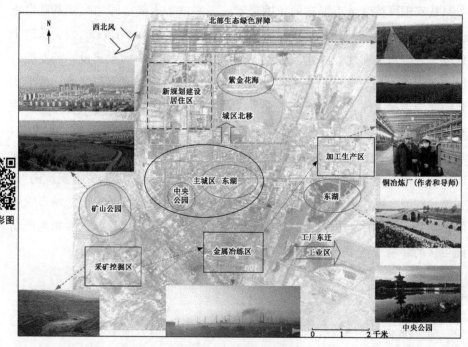

图8-4 住宅区与工业区分离的动态城市结构

通过这样的城市空间布局，住宅区将被一个外围绿色走廊所包围，该绿色走廊由北部的北方绿色屏障、西部的龙泉景观带和环城绿化带组成。城市空间形态调整是对当地环境的积极适应，也与金昌市创建"五城联创"的努力是一致的。当地居民也经常提到盛行的西北风对缓解空气污染的积极影响。正如一些工厂工人所反映的，他们终于可以在工作之余享受清洁的空气了。

城市空间形态的调整对改善人口密集地区的环境状况有很重要的意义，这表明了从工业导向的发展向以人为本的发展的过渡。然而，要根本性解决当地的污染危害和我国西北部的空气质量问题，还需要结合经济转型，以促进城市的循环代谢，实现长期的经济和生态环境效益协调发展。这也表明，应该更加关注振兴城市内部和改善城市系统中的物质流动，而不是简单地扩大城市空间面积。应当注意在城市空间形态调整中，控制城区的规模和土地使用强度，以实现城市建设的低效扩张和非物质化。这也符合当地人对金昌市定位为"小城市"的看法（第六章）。从这个观点出发，需要合理规划和强化土地利用，完善城市建设规划，提高城市系统的物质代谢效率，最大限度地重新利用现有和闲置的城市土地，确保所有城市土地在限制性土地使用控制的基础上，以适当的密度进行规划和开发。

三、意识和行为变革

大多数中国人对环境恶化的认识呈上升趋势，环境意识正在不断提高，这已经成为对政府和地方企业施加压力，使其更加重视环境保护的强大动力。更重要的是，在公众中推广环境友好和负责任的行为对可持续社会的发展至关重要，因为它构成了从底层实施可持续发展的基础。可持续性革命不仅需要新的科学和技术，还需要改变人类的态度、意图和行为。

环境保护意识是行为改变的前提，与人们接收的信息密切相关，这表明转型行动需要相关的信息作为基础，还需要足够的激励和能力带来最终的行为改变。伴随着环境意识的提高，城市可持续发展的转型已经显示出明确的需求，即填补与可持续发展相关的意识和行为之间的差距。然而，由于教育工作和实践的不足，目前的变化和行动并不理想，而教育往往在年轻时就影响了个人的态度和行为（Frisk & Larson, 2011）。这再次强调了教育在可持续行为培养中的重要性。

此外，社会环境对人们的行为选择也有重大影响。人们的行为选择与城市绿色基础设施和邻里的社会环境有着密切的关系。缺乏实践渠道和适当的社会环境是阻碍人们亲环境行为的关键障碍。因此，政府应在促进行为转变方面发挥主导作用，特别是在激励人们自发改变行为方面。地方政府必须积极宣传亲环境行为和可持续发展文化，创造一个有利的邻里社会环境，以激励人们自发地改变行为，消除对亲环境行为的负面偏见，鼓励人们采取亲环境的行为。这需要在环境信息公开、环境教育和宣传、环境相关设施和项目建设、激励机制创新等方面加强管理，以激励人们行为的转变。通过这些措施，可以形成一个积极的正反馈循环。此外，应鼓励家庭、社区和部门在小范围内的自主绿色行动和多样化的创新与实践，以培育出可广泛适用的过渡点。除了基于信息的环境教育和运动，基于社区的社会转型也应得到加强，以实现可持续的行为改变，因为它在调查、战略制定、试点和评估人们的行为方面具有显著优势（McKenzie-Mohr，2011）。

四、可持续生活方式转变

可持续发展转型必须伴随着个人生活方式的改革，这需要社会"底层"以累积行动的形式做出大规模的努力，以彻底改变可持续发展的生活方式。由于固有的生态意识、市场供应和消费习惯，可持续生活方式的养成具有一定困难，需要社会和个人的共同努力（Banbury et al.，2012）。然而，不断变化的社会和环境问题巩固了城市居民接纳并主动采取更多可持续生活方式的基础，这可以在向可持续性整体过渡的背景下，结合观念、消费和环境实践的变化来实现。

吸引更多的人采纳可持续的生活方式的关键是将他们的态度从"应该做"变为"必须做"，从而有意识地将道德责任转移到实际行动中（Miller & Bentley，2012）。鉴于许多人有意愿保持可持续的生活方式，但缺乏决心、毅力和社会支持，需要加强有关鼓励可持续生活方式的信息和支持性社会环境。这强调了政府职能在利用物质和精神媒介的社会支持来促进可持续生活方式的重要性，包括积极加强城市绿色基础设施的引导功能，以及宣传可持续生活方式的价值观和体系传播，倡导极简主义文化，鼓励采用环保技术，以适度消费的方式实现可持续生活。

可持续发展的挑战在很大程度上依赖于可持续消费的问题。除工业生产消耗外，现代个人消费已经成为资源消耗和废物产生的重要来源。倡导在日常生活中采用"3R"策略，即减少（reduce）、再利用（reuse）和回收（recycle），减少购买非必需品、重复使用和修理旧产品，以及尽可能地回收所有东西，简化消费决策（Papaoikonomou, 2013）。

可持续生活方式的另一个重要举措是选择绿色出行方式。政府应高度重视公共交通的改善，因为它不仅可以促进节能减排，还可以使更多依赖公共交通的普通低收入阶层受益。此外，在城市建设和文化教育方面，支持日常交通中的步行和骑自行车的绿色方式，以减少汽车的使用，促进绿色健康的出行方式。机动车对能源消耗和气候变化产生了重大影响，同时也大大改变了人们的生活方式。在向更可持续的生活方式转变的推动下，自21世纪以来，电动汽车（EV）作为内燃机汽车（ICEV）的替代品越来越受欢迎。从长远来看，电动汽车或电动代步工具的普及有助于减少道路交通相关的能源消耗和污染排放，也将有利于倡导绿色生活方式（Gay, 2012; Sandy Thomas, 2012）。

第六节 城市可持续性转型的综合决策与管理

环境管理作为对城市可持续发展问题的社会响应，旨在消除工业化和城市化带来的负面后果，并积极适应社会要求（Jago-on et al., 2009）。城市环境管理需要考虑政府、私营部门和民间社会的多主体做出的各种决定。这意味着在决策过程中必须考虑到经济、环境和社会可持续性的多个层面和目标，包括它们的相互作用，以获得更好的解决方案。在城市治理、规划和社会管理的创新和实施的过程中，政府治理和公众参与是影响决策和战略实施的两个关键且互动的因素（图8-5）。

城市系统向可持续性的动态过渡需要持续的改进和适应。这需要对城市系统有系统的了解，然后采取适应性的反应，结合不同的方法来解决相应的城市问题。前面的章节已经表明，城市可持续发展转型中的挑战主要体现在制度约束、经济发展模式、创新和知识资本以及决策中缺乏公众参与。为了解决这个问题，向可持续发展的转型涉及多层次的改革及其跨层次的综合，

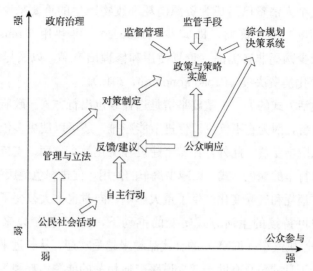

图 8-5 政策制定和战略实施中加强治理和公众参与

以实现经济、环境和社会的治理与创新。在图 8-6 中，DPSIR 框架的响应部分分解为多元利益相关者的适应性响应。响应是多种多样的，它们在社会系统的运作下有意地指向其他四个阶段（驱动力—压力—状态—影响）。通过这样的相互作用的响应途径，产生了促进城市向可持续发展转型的可能的解决方案。

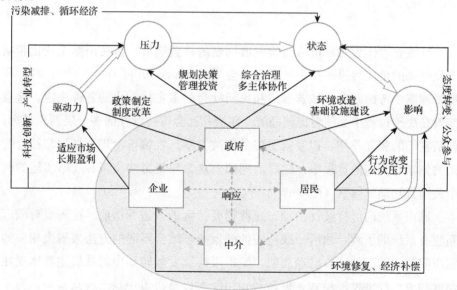

图 8-6 利益相关者面对可持续发展转型的适应性响应

第八章 城市可持续发展转型
Urban Transitions toward Sustainability

在制定城市环境决策和管理体系时，必须借鉴学科的分析，整合多层次、多角度的创新和管理，为城市可持续发展的规划和实施提出主要路径。需要将制度发展、经济转型、人的主动性、生态环境建设、社会转型和不同形式的要素和资本更灵活地结合起来，加强要素间的积极互动，促进城市系统物质新陈代谢、经济活动、环境条件和社会发展各方面的正向反馈作用，这涉及制度与治理改革、环境改造、经济转型、技术创新、智力资本管理、行为转变等方面（图8-7）。

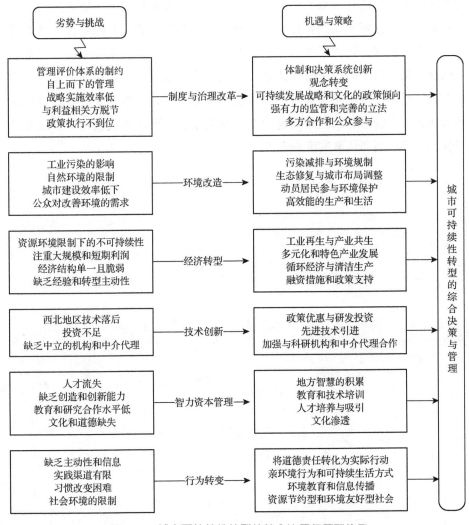

图8-7 城市可持续性转型的综合决策与管理体系

金昌市作为一个经济基础良好的西北地区典型资源型城市，有机会利用特色产业的优势，创新城市环境管理，塑造可持续发展的新形象。为了实现可持续发展目标并符合当地的实际情况，必须通过整合多角度的规划和公众参与，从中央层面到地方层面做出适应性调整。所有的战略都需要以特定的方式来实施。经济发展的方向需转向高效、循环、清洁、生态友好和多样化的发展。治理的改善和多方利益相关者的合作，以及决策者的主动性和能力的提高将促进这一点。地方政府有机会协调多层次的决策，并根据城市系统的实际情况制定适合当地的目标和方法。政府应努力积极主动地确定城市转型的关键点，制定现实的目标，促进经济转型和多元化，分配责任，并促进战略的依次实施。这就要求通过组织责任部门和关键利益相关主体，完善基于综合决策和监管的环境管理体系，促进合作和监督体系，在和谐发展的文化背景下激发公众的热情和参与。在我国西北地区，思想转变、经济结构调整和知识资本管理等问题对当地的发展至关重要，可以通过教育、分配有针对性的激励措施和优惠政策来改善。

第九章

结论
Conclusion

可持续性问题的复杂性与持续的城市化相结合，意味着城市和城市政策在促进全球可持续性方面发挥着关键作用。城市有望被作为关键场所，为大规模的环境挑战产生解决方案，并促进可持续发展的转变。本研究的主要目的是在混合方法论的基础上更好地理解城市系统和城市可持续性，基于可持续发展原则及其在现代和古代中国文化背景下的意义和影响，重点关注对城市复杂系统的多方位理解，涉及城市物质资源环境系统和城市人文社会系统的子集，并探索城市可持续发展转型的适应性方法。根据研究问题和目标，本研究从迫切需要转型的典型资源型城市金昌市收集了定量和定性的经验证据，以支持理论和分析讨论，并以此为中国未来的城市可持续发展和转型提供启示。

正如第一章所述，这项研究在中国文化和区域背景下，围绕着更好地理解城市复杂系统和通过技术和社会文化的方法促进城市的可持续发展转型。本研究由两个基本论点组织，第一个论点是"通过了解复杂的城市系统，可以促进城市向可持续发展的转型"。第二个论点是"城市向可持续发展的转型取决于基于文化和政治的综合型转变"。这两个论点和研究问题已经使用特定的研究技术和多源数据得到了论证和解决。本章总结了各研究问题的主要发现，以概述本研究的主要论点和贡献。

第一节　主要研究结论

可持续发展在环境科学、社会科学和政治领域中都被认为是当务之急，这种必要性加速了当代政策环境中经济、环境、社会和文化层面的整合。随着快速城市化和工业化进程中各种挑战的出现，城市已经成为实现全球可持续发展的焦点和主要贡献者。世界范围内的城市可持续发展研究已经出现了高潮，中国作为当今世界的发展热点，在过去的几十年里，伴随着巨大的经济增长，见证了中小城市的快速兴起。这些重大的变化与中国深厚的历史和行政体制的革命密切相关。

城市环境管理是一个复杂的过程，需要更好地理解城市系统的物质生态

第九章 结论
Conclusion

和人文社会组成部分。基于对城市动态系统的理解，可以促进城市的可持续发展的转型。遵循第一章中提出的五个研究问题，本研究的主要研究结果概括如下。

一、和谐发展对中国现代化发展和环境管理的影响

可持续发展的含义在特定的文化背景下有所不同。在中国，文化是行政管理的"软实力"，一直影响着中国人与自然界相处的共同价值观以及政府的法规和政策。可持续发展的理念自古以来就体现在中国文化中，数千年来一直影响着中国的治理和政策。从中国文化的角度来看，可持续发展的理念在中国文化中有着深厚的根基，以儒家、道家、法家和阴阳家的传统哲学为代表。这些思想在中国社会中被很好地表述和理解为"和谐"的共同表述。"人与自然的和谐"这一概念在中国古代是一个成熟的概念，也是文化方向的一个基本问题。中国古代的和谐思想在本体论和认识论的基础上与现代生态学和可持续发展理论不同，但它们有系统思维和进化论的共同基础。

解决可持续发展问题不仅是经济和环境问题，也是一个文化过程，需要新的思维方式进入其中。中国和西方的可持续发展的根源在概念和历史上是不同的，但他们的互动和融合导致了中国可持续发展在全球范围内的演变。与西方的理论和实践相融合，中国经历了治理思想的快速转变，对社会管理和环境管理的和谐发展有独特的制度意义。和谐发展的理念反映了中国实现可持续发展的愿望，并与当代世界的发展形势相一致。

中国传统的和谐哲学对中国独特的可持续发展观点以及现代发展与环境管理产生了根本性的影响。中国的政治体制将社会管理与每个领导人的思想联系起来，因此，在不同的阶段，和谐的含义有不同的主题，并以特定的口号作为象征。构建"和谐社会"、实现"生态文明"和"中国梦"的目标特别表明，中国的发展重点已经转变为将经济发展与越来越多的环境和社会因素结合起来。这反映了中国正在培养一种和谐的发展方式，希望实现清洁增长、个人繁荣、社会稳定和国家富强。因此，和谐发展的说法被理解为中国可持续发展的迭代。换句话说，它已经成为中国社会接受可持续发展的一个渠道。

中国当代政府融合了古代和现代的发展理念，特别是在涉及环境问题的议题。自1992年中国提出中国版的《21世纪议程》并将环境保护纳入国家五

年计划以来,人与自然和谐共处的思想一直体现在中国对环境问题的务实回应中。除了学习西方的经验,中国还形成了自己独特的环境管理方式,将和谐的哲学与现代的学科和实践相结合。中国的发展趋势表明,下一次革命可能是将我们在工业化过程中看到的同样水平的经济投资应用于环境治理。这就是带有强烈环境色彩的和谐发展。它与中国的文化、政治和社会环境相一致,在中国的治理体系中,对促进中国的可持续发展具有巨大的潜力。关键的挑战在于如何在较低的行政级别上实现这一目标。

由于和谐发展在中国已经成为一个社会框架,这一概念不仅渗透到治理体系中,而且还推动了城市向可持续方向的发展。城市的可持续发展转型必须建立在对城市系统的科学理解和评估的基础上,才能产生适应性的解决方案和战略。以可持续性受到极大挑战的资源型城市金昌市为例,本研究基于DPSIR框架,研究人类如何与城市环境互动,在实地考察中,收集了多源定量数据,并进行了半结构式访谈,从城市物质资源环境系统模拟(第五章)、城市环境的公众感知(第六章)和城市社会系统理解(第七章)等方面,深入地剖析了城市复杂系统的运作规律,并从多途径响应的角度,探索促进城市可持续发展转型的路径。

二、城市新陈代谢系统模拟与可持续性潜力评价

在城市新陈代谢理论的支持下,本研究应用物质流分析及相关技术,模拟城市的物质资源环境系统。将新陈代谢和生态系统的概念与城市系统联系起来,将城市视作物质(资源和能源)的汇、废物及污染的源。利用多源定量数据,采用基于投入和产出的物质流分析,并结合社会经济指标进行结构分解分析以及脱钩分析,理解和评估城市新陈代谢系统及其可持续发展潜力。

作为典型的资源型城市,金昌市的城市发展严重依赖当地资源,材料和能源消耗量大,废弃物和污染物产生量多,这直接影响了城市的可持续发展。2000年至2020年期间城市物质流的变化表明,物质流入和流出总量不断增加,整个时期呈现出高物质投入和高物质产出的情景。城市对物质消费的严重依赖与相关环境污染问题不容易消除,而人口增长和社会财富的增加又进一步加剧了这种情况。地方政府面临着实现经济增长和生态环

第九章 结论
Conclusion

境双赢的艰巨挑战。

然而,随着城市管理者和工业企业的不懈努力,城市可持续的趋势已经被观察到。在整个研究期间,材料和能源利用的效率总体上有所提高,生态环境的可持续性有所改善。生产技术的提升,加之污染减排环保项目的持续开展,使得二氧化硫的排放量有了显著下降。脱钩分析结果表明,GDP 和物质投入与产出之间的关系经历了多种变化,最终趋向于弱脱钩,表明材料和能源效率的提高。特别是经济增长与空气污染已实现强脱钩,空气污染大幅减少;与此同时,工业生产不断扩大,社会财富和家庭消费不断增长,表明环境的可持续性得到很大改善。此外,评估固体废弃物和二氧化硫排放占总工业生产物质消耗的比例表明,随着工业活动的成熟和技术的进步,物质材料使用效率有了明显的提高。特别值得注意的是,工业生产同时也在稳步增加。总的来说,这些积极的趋势表明,城市经济、社会和环境均取得了较明显的进步,这已经超出了简单的渐进性原则,进一步意味着城市的可持续发展是有可能实现的。

研究同时表明,技术进步在一定程度上限制了城市物质流入和物质流出的快速增长。然而,这被人口增长和社会财富的增加所抵消。这些变化反映了对污染控制、工业技术创新和经济结构调整的投资的重要性。这意味着技术进步和创新投资有助于抑制物质流入和流出的快速增长,并在一定程度上将物质流动模式从线性转为循环模型。然而,经济发展和环境改善的同步进展需要非物质化的彻底转变,以及经济增长与物质/能源消耗的强脱钩。这涉及对原材料和加工材料的高效使用和处理,旨在改变高物质投入和高污染排放的模式。还需要在现有的工业中注入集成清洁生产和生态工业的理念和技术,从而改善工业活动,使其通过将线性程序的既定轨迹转变为循环模式而变得更具有资源效率和生态效益。此外,培育和发展替代产业是必要的,以减少对重工业的经济依赖,同时实现城市经济与物质消费和污染的稳定脱钩。所有这些都需要得到合理的治理和对技术进步、经济转型和加强环境改善的投资支持。

关于城市新陈代谢的研究验证了物质流分析工具适用于城市物质资源环境系统模拟,拟跟踪变化,发现弱点,并结合当地实际情况评估城市的可持续发展潜力。这种方法可以提供城市生物质资源环境系统的基本信息,并为城市环境管理适应性策略提供依据。

三、公众对城市环境状况的认知和经验

通过调查当地居民对城市环境状况的看法和反应，本研究探索如何从自下而上的角度理解城市系统。通过对金昌市当地居民的深入访谈，本研究进一步从质性研究角度提供了对现实世界的补充认知，并提供了公众参与可持续城市管理的机会。特别是，通过公众调查收集到的一些信息有助于解释城市系统中复杂的或有冲突的信息，从而更好地、更全面地理解城市系统。

关于可持续发展的基本要素，公众普遍认为，提高生活水平、适宜居住的环境、和谐的社会、文明的行为是最重要的，这亦与可持续发展的理论三底线相一致。与此同时，金昌市的产业、资源、环境和城市建设等问题引起了当地居民的高度关注。

作为城市环境的直接反映，空气质量状况是一个受到广泛关注的公共问题。空气污染造成的外部性问题中，健康问题与居民生活联系最为紧密和最重要。大多数受访者反映近年来城市环境有明显的改善；然而，调查也发现了一些重要信息，揭示了与官方声明相冲突的宝贵信息。特别是调查显示，个人经验与官方报告的污染物排放的数据之间存在不一致，有可能官方报告的污染量低于实际污染量，这意味着地方政府和工业企业报告的数据是有争议的。这表明，在物质流分析模型中观察到的城市污染减排的积极趋势应该被审慎考量，酌情参考。这也强调了使用混合方法来了解真实世界情况的重要性。

大多数当地居民对资源储备和传统的工业生产方式持悲观态度。然而，这与他们对经济向可持续性转变的信心并不冲突。作为政府官员的受访者对经济前景比较乐观，因为他们的专业框架已经将经济转型问题纳入了工作议程。部分受访者对经济转型的信心不足，他们认为政府应该更认真地对待促进经济持续发展和改善城市环境的双重任务。因此，他们对地方政府做出明智的决定和促进战略的实施寄予了很大的期望。

城市中不同人的动机和反应是不同的，有时甚至是矛盾的，他们在影响城市发展的过程中最终达到混合和平衡的状态。人们对城市发展问题的看法和反应显示了认知和价值观的多样性。这种多样性与人们的职业、教育背景和他们所处的社会环境有关，这决定了他们对具体问题的认识和看法。在评

第九章　结论
Conclusion

价当地人的环境意识问题上，各群体之间的分歧非常明显，企业管理者和当地居民处于两个极端。与其他人群相比，在工业生产过程中对污染控制做出了巨大努力的企业管理者，对其环境意识的自我评价较高，以肯定其努力和成就。相比之下，当地居民对环境质量的要求越来越高，他们对大众的环境意识有更高的期望，这导致他们对现状的满意度很低。工厂工人对环境状况的容忍度较高，因为他们中的许多人已经对污染物的气味习以为常，他们通常更关心自己的实际收入而不是城市环境。同时，政府官员对经济形势相对乐观，认为经济转型尚有许多机会，但他们对城市建设的满意度较低，并将城市管理的许多失败归咎于制度因素。相反，企业管理者对经济形势不太乐观，因为他们局限于现有的工业生产，却忽视了经济多样化和转型的潜力。对美好居住环境的最强烈的愿望来自当地居民，而政府则被置于为此负关键责任的重要位置。

四、关于城市可持续性的城市社会系统理解

城市环境管理不仅仅是一个技术问题，它已经发展成为一个重要的社会问题。对城市社会系统的研究有助于整合城市系统中人、建筑环境和自然环境等相互关联的部分。更重要的是让人参与到城市系统运作中，以填补城市可持续性研究中人类主体方面的研究空白。

对人类活动与城市系统要素之间因果关系的建模有助于理解城市社会系统，其中关键的社会因素及其关系显示，城市社会系统对城市可持续发展的影响由三大群组因素决定：利益相关者的责任、机构发展和个人发展。这些相互关联的因素构成了一个具有多重反馈回路的综合城市社会系统。

制度约束被认为是许多政府和社会问题的重要原因。改善制度建设的关键是改革治理的评价体系，提高决策和政策制定者的能力，并改善决策过程。尤其是改革治理评价体系，必须消除基于GDP的城市治理"标尺竞争"的障碍，并通过提高决策和政策制定者的能力来提高战略实施的有效性。要实现可持续的城市治理，利益相关者在决策过程中的参与对平衡利益相关者的利益和提供知识基础至关重要。

政府发挥的作用对于通过多种方式进行城市环境管理至关重要，包括城市发展的宏观规划、财政和政策支持规划，以及对各种相关利益的协调管理。

在应对城市可持续发展转型的过程中,政府在整合各种多层次的资源和力量方面的主导作用,对沟通和协调不同部门之间的合作,召集不同学科的专业人员进行互动,并让公众参与到决策中来是至关重要的。城市治理中的政企合作和公众参与对创新和知识型战略具有重要意义。值得注意的是,当地居民的参与已经成为环境决策的重要基础,因为公众参与可以帮助理清当地的现实问题,提供基于底层的知识、体验和经验,促进城市可持续性转型的有效实施。然而,建立参与式决策过程的挑战在于解决沟通框架的缺陷和当地居民参与意愿的不足。这需要地方政府积极确定合作机制,建立一个参与性的决策过程,支持多方利益相关者有效参与到关于城市问题的对话中来。

个人发展通过人们的主动性影响着个人的亲环境行为和对可持续发展的态度和行为表现。当与文化发展相结合时,文化发展通过为亲环境行为的发展提供道德动力和积极的社会环境来影响个人发展,它们共同构成了城市向可持续性过渡的重要"软实力"基础。当地居民的态度和生活方式影响着他们在决策和日常行为中的具体行动,而弥合知识和实践之间的差距是亲环境行为发展的关键。人们的具体行为存在与他们的价值观不相称的情况,因此必须做出权衡。在这种情况下,知识资本作为知识和经验的主要来源,通过促进利益相关者的认知、动机和责任感,有助于在行政决策和日常生活中进行有利于可持续发展的行为调整。这一过程可以通过教育、培训、信息传播和人才引进战略等政策的干预来加强,并辅以改善的社会和环境基础设施,为人们的亲环境行为发展提供精神支持和实践渠道。

五、面向可持续发展的城市转型

动态的城市系统需要适应性的政策和创新,以应对不断变化的挑战。本研究综合经济发展、资源利用、环境影响和人类响应几个基本维度,提出需将城市视为动态且复杂的人类与自然耦合系统,建立政府主导的综合决策和监管系统,构建多层次和多角度的综合型城市环境管理体系,塑造城市可持续发展的转型。

从国家规划到地方实施的基于政策的城市环境管理与中国的分层治理体系相一致,国家宏观调控、地方治理和企业适应等多层次的环境政策的实施是相互呼应的。金昌市努力创造"五城联创"的城市模式——在分散的规划

第九章 结论
Conclusion

体制下,通过整合从政府到当地居民的不同部门和利益相关者,成为实施环境政策和战略的主要和最有效的方法。然而,体制限制、经济发展模式、创新和知识资本的缺陷、公众参与决策和行为变化方面的挑战,阻碍着城市可持续发展的广泛和彻底的变革。

  城市化、工业化与生态化管理相结合,可以促进城市向可持续发展的过渡。通过优化物质流动模式、采用清洁生产和更精明的城市设计,减少对环境的负面影响,可以促进城市环境的有利变化。面对将战略转化为行动的挑战,这些转型主要依靠改善治理和决策、以科学为基础的政策、企业发展策略和公共倡议,从而实现经济转型和环境改造。如果考虑到人的因素,情况就更是如此了。这些因素在可持续发展的转型中起着关键作用,特别是加强治理和公众参与是改善决策和战略实施的两个关键因素。多个利益相关者的适应性响应及其互动可以产生为城市问题制定创新解决方案所需的智力和社会资本。这需要政府通过促进参与式方法和建立一个与多方利益相关者共同创造的决策平台来领导和组织城市转型。此外,城市可持续发展转型需要综合管理,而不仅仅是对可持续问题的具体指标或单一方面的了解。关于这一点,需要一个综合决策和管理体系,具有政府主导、环境适应、战略结合和多方面的特点,加强要素间的积极互动,促进城市系统物质新陈代谢、经济活动、环境条件和社会发展各方面的正向反馈作用,以促进城市的全面转型。这涉及体制改革、技术创新、经济转型、环境改善、社会和行为变化以及知识资本管理等方面更灵活的、跨层次的综合治理。这些要素及其不同形式的资本和行动的整合,为城市转型的规划战略和实施提供了主要途径。

  在实现"生态文明"和"中国梦"的道路上,城市可持续发展与和谐发展的方向是一致的,为金昌市和其他许多城市提供了创新和发展的机会。金昌市可以利用其特色产业的优势和环境改造的创新措施,改革其传统的发展模式,促生可持续的新产业和新活力。这种转型取决于当地有效的适应性和适合当地实际情况的创新战略。鉴于中国西北地区与其他地区在社会经济和自然环境条件上的差异,尤其是劣势方面,西北地区城市必要的适应性管理特别强调了观念转变、经济转型和知识资本管理的重要性。这就需要加强对教育和研究的投入,并在现有水平上持续发展基础设施。位于西北地区的金昌市有可能改变其固有的不可持续的特征,成为中国典型资源型工业城市实现可持续发展的典范。没有适用于所有城市的标准模板,但许多共同的战略和行为可以适用于大多数有待转型的资源型城市，以及世界上许多其他具有类似环境-社会-经济协调发展需求的地方。

第二节　综合讨论

本研究认为，在优化物质和能量流动的基础上，结合对城市系统功能的广泛理解，通过将制度发展、经济转型、人的主动性、生态环境建设、社会转型和不同形式的要素和资本更灵活地结合起来，采取积极的适应性决策和管理，城市的可持续性转型是可能实现的。本研究同时验证了一种混合方法，即利用物质流分析来模拟城市的新陈代谢，结合对人类响应的定性调查来模拟城市的社会系统，以此理解复杂的城市人地耦合系统。

作为一个工业化、城市化和现代化进程相互作用、相互支持的资源型工业城市，金昌市提供了一个关于人类如何改变和适应城市环境的案例研究。它揭示了依赖资源型产业的城市如何通过改善城市治理系统和适应性战略，减少环境外部因素并提高当地经济水平、改善居住环境、促进城市向可持续发展的转型。

世界一直在探索实现可持续发展的轨迹，城市应该而且能够在促进可持续发展方面发挥重要的积极作用。可持续的城市系统代表了经济、环境、社会、文化之间的动态平衡。城市向可持续发展的过渡转型意味着在文化背景下全面考虑三大支柱系统，并找到针对不同城市问题的解决方案，经济发展、资本积累、技术进步、城市基础设施建设、公众参与以及各种可持续发展的理论和实践对其贡献越来越大。

传统的城市发展和管理方式不能很好地适应城市可持续性转型的趋势。此外，能够决定性地将城市发展向可持续发展方向转变的有效举措和结构转型也很少。然而，解决城市问题和挑战的机会很多，关键是要系统地了解城市系统，在一个综合的动态管理系统中解决城市问题。关于促进城市向可持续发展的转型，本研究验证了多样化的经济基础、资源利用和环境状况的改善，以及合理的规划、治理和投资，有可能积极促进城市向可持续性的过渡转型。同时本研究创造了关于如何管理这种可持续性转型变化的宝贵知识，证明了通过采用技术、环境和社会方法的综合城市管理来促进城市可持续发展转型的价值。

城市作为一个基于环境的社会经济系统，其可持续发展转型需要采用更广泛的视角和系统的结构化管理，而不是单一项目的简单集合。因此，综合的视角、方法和涉及多个行为主体的管理对于理解和探索现实世界的解决方案必然很重要。复杂的环境管理不可能通过单一的行动来实现，而必须从多层次的角度采用适应性的解决方案来解决。这个制定综合和具体战略的过程涉及借鉴各种模式的优点，不断探索互补和竞争的途径。

在这个整合和创新的过程中，政府是规划和治理的关键，它在促进利益相关者之间的协调合作和平衡利益冲突方面尤为重要。对于资源型城市来说，仅依靠市场和企业的细分自我调整来实现成功的转型并不是一件容易的事情。解决方案在于政府推动的管理模式，即利用政府在综合规划和资源调动方面的优势，尤其在一个治理和决策机制分散的系统中，政府在制定整体规划、协调多层次决策和战略实施方面的作用尤为重要。更重要的是，政府需要提高其战略决策能力，在更广泛的公众参与地方决策的支持下，主导城市发展方向，总结知识经验，保障战略实施。

第三节 研究展望

本研究表明了如何理解城市系统以及如何改进城市环境管理系统以实现可持续性转型。可以进一步研究如何从地方、国家和全球的角度，多尺度、跨层次地理解和解决城市可持续性转型的问题。建立一个具有全面和适用指标的平台，以追踪城市发展和管理的绩效，特别是可以开发、记录和评估更多与公众响应有关的社会指标。可以植入公众参与部分，让当地居民参与进来，及时提供基层信息。进一步的决策亦可以从这些经验中吸取教训，找出成功的、考虑不周的和失败的经验。从技术角度来看，可以加强对城市资源、废弃物、建筑、景观等方面管理的具体研究，特别是在实际应用领域，如清洁生产、废物循环利用、生态建筑等。在此过程中，完善公众参与模式，鼓励公众听取和参与项目设计和实施，以促进扩展社会系统的可持续性。此外，促进广泛领域的经验交流和资源整合也是一个研究课题（知识管理），有助于开阔知识视野，推动技术创新。

第四节 结语

可持续发展转型，是向可持续性的全面过渡，更是一种改变思维方式的转型。如今，可持续性被定义为一套人类可以生存的合适条件。为此，系统建模和分析正在不断开展，使用各种方法为可持续发展的未来做出贡献。这项研究表明，城市可持续发展是一个复杂的过程，需要对城市系统有一个系统和全面的了解。通过综合决策和监管系统，可以促进城市向可持续发展转变，这些决策和监管系统是由城市系统的理解与多角度的公共知识联系起来的。对中国来说，这种转型取决于中国文化和政治背景下的经济、环境和社会转型，其中政府是领导和促进这一进程的关键。实现可持续发展不是一个乌托邦式的愿景，而是一次复杂的"长征"。尽管在过去的几十年里，关于城市可持续发展的研究已经取得了很大的进展，但仍有许多研究有待开展，以完善理论、框架和方法，从而加深学术讨论和实际应用。在中国快速工业化的城市中，成功的城市可持续发展转型对中国和全世界的许多城市都有重大影响。只有通过本研究中反映的综合复杂性的努力，可持续的未来才能成为可能。作者在此没有提供教条式的答案，而是提供一个充满希望的愿景。

参考文献

蔡世刚,2017. 人力资本视域下资源枯竭型城市产业转型:以湖北省黄石市为例 [J]. 生态经济,33(4):69-72,153.

陈晨,夏显力,2012. 基于生态足迹模型的西部资源型城市可持续发展评价 [J]. 水土保持研究,19(1):197-201.

陈修素,陈睿,颜冬芹,等,2022. 长江经济带的比较优势与生态足迹研究 [M]. 北京:经济科学出版社.

陈妍,梅林,2018. 东北地区资源型城市转型过程中社会—经济—环境协调演化特征 [J]. 地理研究,37(2):307-318.

崔丹,卜晓燕,徐祯,等,2021. 中国资源型城市高质量发展综合评估及影响机理 [J]. 地理学报,76(10):2489-2503.

戴永新,2006.《周易》中的和谐观 [J]. 周易研究,(1):63-67.

杜辉,2013. 资源型城市可持续发展保障的策略转换与制度构造 [J]. 中国人口·资源与环境,23(2):88-93.

范冰雄,税伟,王前锋,等,2018. 煤炭资源型城市地质环境的脆弱性与适应力研究:以淮北市为例 [J]. 资源环境与工程,32(2):259-266.

范丹,赵昕,2022. 智慧城市、要素流动与城市高质量发展 [J]. 工业技术经济,41(11):103-112.

高长山,2003. 荀子译注 [M]. 哈尔滨:黑龙江人民出版社.

郭存芝,彭泽怡,丁继强,2016. 可持续发展综合评价的DEA指标构建 [J]. 中国人口·资源与环境,26(3):9-17.

黄寰,秦思露,刘玉邦,等,2020. 环境规制约束下资源型城市产业转型升级研究 [J]. 华中师范大学学报(自然科学版),54(4):576-586.

黄金川,方创琳,2003. 城市化与生态环境交互耦合机制与规律性分析 [J]. 地理研究,22(2):211-220.

黄悦,刘继生,张野,2013. 资源丰裕程度与经济发展关系的探讨:资源诅咒效应国内研究综述[J]. 地理科学,33(7):873-877.

焦华富,许吉黎,2016. 社会空间视角下成熟型煤炭资源城市地域功能结构研究:以安徽省淮南市为例[J]. 地理科学,36(11):1670-1678.

金涛,2016. 城市可持续性概念模型研究[M]. 南京:东南大学出版社.

李虹,黄丹林,理明佳,2015. 基于物质流分析的城市工业经济脱钩问题研究:以天津市2001—2012年面板数据为例[J]. 地域研究与开发,34(1):111-116.

李美玲,2022. 新中国文化生态衍变与文化可持续发展研究[M]. 北京:人民出版社.

李汝资,宋玉祥,李雨停,等,2016. 吉林省资源型城市转型阶段识别及其特征成因分析[J]. 地理科学,36(1):90-98.

刘玉平,2004. 论《周易》的阴阳和谐思维[J]. 周易研究(5):65-71.

刘志丹,张纯,宋彦,2012. 促进城市的可持续发展:多维度、多尺度的城市形态研究——中美城市形态研究的综述及启示[J]. 国际城市规划,27(2):47-53.

陆大道,2002. 关于地理学的"人-地系统"理论研究[J]. 地理研究,21(2):135-145.

毛蒋兴,何邕健,2008. 资源型城市生命周期模型研究[J]. 地理与地理信息科学,24(1):56-60.

蒙培元,2019. 孔子[M]. 北京:北京大学出版社.

苗长虹,胡志强,耿凤娟,等,2018. 中国资源型城市经济演化特征与影响因素:路径依赖、脆弱性和路径创造的作用[J]. 地理研究,37(7):1268-1281.

钱锦宇,2015. 中国国家治理的现代性建构与法家思想的创造性转换[J]. 法学论坛,30(3):13-21.

璩路路,师学义,刘畅,2017. 基于能值的资源型城市新陈代谢过程对比分析[J]. 水土保持研究,24(1):279-284.

邵帅,尹俊雅,王海,等,2021. 资源产业依赖对僵尸企业的诱发效应[J]. 经济研究,56(11):138-154.

参考文献
Reference

孙浩进,2014. 我国资源型城市产业转型的效果、瓶颈与路径创新 [J]. 经济管理,36 (10):34-43.

孙蔓,2020. 我国城市环境管理中社会公众参与的路径阐释 [J]. 环境与发展,32 (9):226-228.

孙威,董冠鹏,2010. 基于 DEA 模型的中国资源型城市效率及其变化 [J]. 地理研究,29 (12):2155-2165.

谭俊涛,张新林,刘雷,等,2020. 中国资源型城市转型绩效测度与评价 [J]. 经济地理,40 (7):57-64.

汪中华,侯丹丹,2023. 黑龙江省资源型城市三维生态足迹平衡性及影响因素研究 [J]. 国土与自然资源研究 (5):56-61.

王国霞,刘婷,2017. 中部地区资源型城市城市化与生态环境动态耦合关系 [J]. 中国人口·资源与环境,(7):80-88.

王嘉懿,崔娜娜,2018. "资源诅咒"效应及传导机制研究:以中国中部 36 个资源型城市为例 [J]. 北京大学学报(自然科学版),54 (6):1250-1266.

王文学,曹可心,林静,2022. 可持续城市多尺度评价框架及指标体系的研究进展与展望 [J]. 城市发展研究,29 (11):1-7.

王晓楠,孙威,2020. 黄河流域资源型城市转型效率及其影响因素 [J]. 地理科学进展,39 (10):1643-1655.

王一鸣,2020. 百年大变局、高质量发展与构建新发展格局 [J]. 管理世界,36 (12):1-13.

王玉娟,杨山,吴连霞,2018. 多元主体视角下城市人居环境需求异质性研究:以昆山经济技术开发区为例 [J]. 地理科学,38 (7):1156-1164.

吴康,戚伟,2021. 收缩型城市:认知误区、统计甄别与测算反思 [J]. 地理研究,40 (1):213-229.

吴康,张文忠,张平宇,等,2023. 中国资源型城市的高质量发展:困境与突破 [J]. 自然资源学报,38 (1):1-21.

余振,龚惠文,胡晓辉,2021. 可持续性转型地理研究综述与展望 [J]. 地理科学进展,40 (3):498-510.

臧淑英,智瑞芝,孙学孟,2006. 基于生态足迹模型的资源型城市可持续发展定量评估：以黑龙江省石油城市大庆市为例[J]. 地理科学, 26(4): 4420-4425.

翟瑞雪, 戴尔阜, 2017. 基于主体模型的人地系统复杂性研究[J]. 地理研究, 36(10): 1925-1935.

张岱年, 2003. 中国文化的基本精神[J]. 齐鲁学刊(5): 5-8.

张继飞, 蒋应刚, 孙威, 等, 2022. 国内资源型城市转型研究进展的文献计量分析[J]. 城市规划, 46(3): 93-105, 114.

张军扩, 侯永志, 刘培林, 等, 2019. 高质量发展的目标要求和战略路径[J]. 管理世界, 35(7): 1-7.

张丽家, 2022. 煤炭资源型城市工业生态效率及其绿色发展研究：基于山西省11个地级市面板数据[J]. 科技和产业, 22(10): 34-43.

张润君, 2006. 中国城市化的战略选择[M]. 北京：中国社会科学出版社.

张文忠, 2022. 资源型城市转型发展的重点和政策导向[J]. 国家治理(2): 40-43.

张文忠, 余建辉, 2023. 中国资源型城市转型发展的政策演变与效果分析[J]. 自然资源学报, 38(1): 22-38.

张文忠, 余建辉, 王岱, 2017. 中国资源型城市转型路径和模式研究[J]. 城市与区域规划研究, 9(2): 64-80.

张文忠, 余建辉, 王岱, 等, 2014. 中国资源型城市可持续发展研究[M]. 北京：科学出版社.

张友祥, 支大林, 程林, 2012. 论资源型城市可持续发展应处理好的几个关系[J]. 经济学动态(4): 80-83.

张悦倩, 刘全龙, 李新春, 2022. 长三角城市群城市韧性与新型城镇化的耦合协调研究[J]. 城市问题, (5): 17-27.

赵馥洁, 2009. 中国传统哲学价值论[M]. 北京：人民出版社.

朱爱琴, 曾菊新, 唐承财, 等, 2013. 资源型城市生命周期优化调控潜力测评[J]. 人文地理(5): 69-75.

朱琳, 2018. 资源枯竭型城市转型与可持续性评价[M]. 北京：化学工业出版社.

朱铁臻, 2010. 反城市贫困与城市和谐社会的构建[J]. 毛泽东邓小平理论研究(12): 6-10.

诸大建, 2016. 可持续性科学: 基于对象-过程-主体的分析模型 [J]. 中国人口·资源与环境, 26 (7): 1-9.

ABAM F I, EKWE E B, DIEMUODEKE O E, et al, 2021. Environmental sustainability of the Nigeria transport sector through decomposition and decoupling analysis with future framework for sustainable transport pathways [J]. Energy Reports, 7: 3238-3248.

ADEKOLA O, GRAINGER A, 2023. Bottom-up and bottom-top institutional changes in environmental management in the Niger Delta [J]. World Development Perspectives, 31: 100491.

ALLEN G M, GOULD E M, 1986. Complexity, wickedness, and public forests [J]. Journal of Forestry, 84 (4): 20-23.

AMBROSE P J, 1994, Urban process and power [M]. New York: Routledge.

ANDERSSON K, 2008. Transparency and accountability in science and politics: The awareness principle [M]. New York: Basingstoke.

ANDREONI V, GALMARINI S, 2012. Decoupling economic growth from carbon dioxide emissions: A decomposition analysis of Italian energy consumption [J]. Energy, 44 (1): 682-691.

ANĐELKA M, 2012. Urban social sustainability: A concept analysis [J]. Sociologija, 54 (1): 55-70.

ANGELO H, WACHSMUTH D, 2020. Why does everyone think cities can save the planet? [J]. Urban Studies, 57 (11): 2201-2221.

ARORA V, VAMVAKIDIS A, 2011. China's economic growth: International spillovers [J]. China & World Economy, 19 (5): 31-46.

ASCIONE M, BARGIGLI S, CAMPANELLA L, et al, 2011. Exploring an urban system's dependence on the environment as a source and a sink: The city of Rome (Italy) across space and time scales [J]. ChemSusChem, 4 (5): 613-627.

ASHLEY P, BOYD B E, 2006. Quantitative and qualitative approaches to research in environmental management [J]. Australian Journal of Environmental Management, 13 (2): 70-78.

AUSTRALIAN STATE OF THE ENVIRONMENT 2011 COMMITTEE, 2011. Australia State of the Environment 2011 [R]. Australian Government Minister for Sustainability, Environment, Water, Population and Communities.

AYRES R U, SIMONIS U E, 1994. Industrial metabolism: Restructuring for sustainable development [M]. New York: United Nations University Press.

BAI X, CHEN J, SHI P, 2012. Landscape urbanization and economic growth in China: Positive feedbacks and sustainability dilemmas [J]. Environmental Science & Technology, 46 (1): 132-139.

BALABANOV V S, BALABANOVA A V, DUDIN M N, 2015. Social responsibility for sustainable development of enterprise structures [J]. Asian Social Science, 11 (8): 111-118.

BANBURY C, STINEROCK R, SUBRAHMANYAN, S, 2012. Sustainable consumption: Introspecting across multiple lived cultures [J]. Journal of Business Research, 65 (4): 497-503.

BANG H, ESMARK A, 2009. Good governance in Network society: Reconfiguring the political from politics to policy [J]. Administrative Theory & Praxis, 31 (1): 7-37.

BAO Z, ZHANG S, CHEN Y, et al, 2010. A review of material flow analysis [C]. 2010 International Conference on Management and Service Science (MASS).

BARBIER E B, 1987. The concept of sustainable economic development [J]. Environmental Conservation, 14 (2): 101-110.

BARNETT J, 1982. An introduction to urban design [M]. New York: Harper & Row.

BARRO R J, 2001. Human capital and growth [J]. The American Economic Review, 91 (2), 12-17.

BATEMAN W, HOCHMAN H M, 1971. Social problems and the urban crisis: Can public policy make a difference? [J]. American Economic Review, 61 (2): 346-353.

BÉAL V, PINSON G, 2015. From the governance of sustainability to the management of climate change: Reshaping urban policies and central-local relations in France [J]. Journal of Environmental Policy & Planning, 17 (3): 402-419.

BECK D F, CONTI D D, 2021. The role of urban innovativeness, smart governance, and smart development in the urban smartness [J]. Humanidades & Inovacao, 8 (49): 141-151.

BEETON R J S, 2006. Society's forms of capital: A framework for renewing our thinking [R]. Canberra: Department of the Environment and Heritage.

BEETON R J S, LYNCH A J J, 2012. Most of nature: A framework to resolve the twin dilemmas of the decline of nature and rural communities [J]. Environmental Science and Policy, 23: 45-56.

BERGER P L, LUCKMANN T, 1967. The social construction of reality: A treatise in the sociology of knowledge [M]. London: Penguin.

BETTENCOURT L, WEST G, 2010. A unified theory of urban living [J]. Nature, 467 (7318): 912-913.

BHAGAVATULA L, GARZILLO C, SIMPSON R, 2013. Bridging the gap between science and practice: An ICLEI perspective [J]. Journal of Cleaner Production, 50: 205-211.

BIFANI P, 1999. Medio ambiente y desarrollo sostenible. Madrid: AIEPALA.

BONNES M, BONAIUTO M, 2002. Environmental psychology: From spatial-physical environment to sustainable development [M] //BECHTEL R B, CHURCHMAN A. Handbook of Environmental Psychology. New York: John Wiley & Sons, Inc.

BOOKCHIN M, 1995. From urbanization to cities: toward a new politics of citizenship [M]. London: Cassell.

BOONCHAI C, BEETON R J S, 2016. Sustainable development in the Asian century: A inquiry of its understanding in Phuket, Thailand [J]. Sustainable Development, 24 (2): 109-123.

BÖHRINGER C, RUTHERFORD T F, 2008. Combining bottom-up and top-down [J]. Energy Economics, 30 (2): 574-596.

BULKELEY H, 2006. Urban sustainability: Learning from best practice? [J]. Environment and Planning A, 38 (6): 1029-1044.

CABEZA L F, RINCÓN L, VILARIÑO V, et al, 2014. Life cycle assessment (LCA) and life cycle energy analysis (LCEA) of buildings and the building sector: A review [J]. Renewable and Sustainable Energy Reviews, 29: 394-416.

CAMAGNI R, CAPELLO R, NIJKAMP P, 1998. Towards sustainable city policy: An economy-environment technology nexus [J]. Ecological Economics, 24 (1): 103-118.

CANCINO C A, LA PAZ A I, RAMAPRASAD A, et al, 2018. Technological innovation for sustainable growth: An ontological perspective [J]. Journal of Cleaner Production, 179: 31-41.

CARLEY M, SMITH H, JENKINS P, 2013. Urban development and civil society: The role of communities in sustainable cities [M]. London and New York: Routledge.

CARON J, DURAND S, ASSELIN H, 2016. Principles and criteria of sustainable development for the mineral exploration industry [J]. Journal of Cleaner Production, 119: 215-222.

CARR E R, WINGARD P M, YORTY S C, et al, 2007. Applying DPSIR to sustainable development [J]. The International Journal of Sustainable Development and World Ecology, 14 (6): 543-543.

CHAN K S, SIU Y F P, 2015. Urban governance and social sustainability: Effects of urban renewal policies in Hong Kong and Macao [J]. Asian Education and Development Studies, 4 (3): 330-342.

CHANG N B, HOSSAIN U, VALENCIA A, et al, 2020. The role of food-energy-water nexus analyses in urban growth models for urban sustainability: A review of synergistic framework [J]. Sustainable Cities and Society, 63: 102486.

CHECKLAND P, 1981. Systems thinking, systems practice [M]. New York: J. Wiley & Sons.

CHEN Y, EBENSTEIN A, GREENSTONE M, et al, 2013. Evidence on the impact of sustained exposure to air pollution on life expectancy from China's

Huai River policy [J]. Proceedings of the National Academy of Sciences of the United States of America, 110 (32): 12936-12941.

CHENG H, 2013. A New Silk Road: A case study on textile industry in Zibo, China [D]. Brisbane, Australia: The University of Queensland.

CHERTOW M R, 2007. "Uncovering" industrial symbiosis [J]. Journal of Industrial Ecology, 11 (1): 11-30.

CHILDERS D L, PICKETT S T A, GROVE J M, et al, 2014. Advancing urban sustainability theory and action: Challenges and opportunities [J]. Landscape Urban Planning, 125: 320-328.

CHIU R L H, 2012. Urban sustainability and the urban forms of China's leading mega cities: Beijing, Shanghai and Guangzhou [J]. Urban Policy and Research, 30 (4): 359-383.

CINIS A, DRÉMAITÉ M, KALM M, 2008. Perfect presentations of Soviet planned space: Mono-industrial towns in the Soviet Baltic Republics in the 1950s - 1980s [J]. Scandinavian Journal of History, 33 (3): 226-246.

CLARK T W, 1993. Creating and using knowledge for species and ecosystem conservation-science, organization, and policy [J]. Perspectives in Biology and Medicine, 36 (3): 497-525.

CLOUTIER S, LARSON L, JAMBECK J, 2014. Are sustainable cities "happy" cities? Associations between sustainable development and human well-being in urban areas of the United States [J]. Environment, Development and Sustainability, 16 (3): 633-647.

CLUNE W H, ZEHNDER A J B, 2020. The evolution of sustainability models, from descriptive, to strategic, to the three pillars framework for applied solutions [J]. Sustainability Science, 15 (3): 1001-1006.

COLANTONIO A, 2010. Urban social sustainability themes and assessment methods [J]. Proceedings of the ICE-Urban Design and Planning, 163 (2): 79-88.

COLANTONIO A, DIXON T J, 2011. Urban regeneration & social sustainability: Best practice from European cities [M]. Oxford: Wiley-Blackwell.

COSTA A, MARCHETTINI N, FACCHINI A, 2004. Developing the urban metabolism approach into a new urban metabolic model [M] // MARCHETTINI N, BREBBIA C A, TIEZZI E, et al. The Sustainable City Ⅲ: Urban Regeneration and Sustainability. Southampton: WIT Press.

DE GIOVANNI M, CURCI G, AVVEDUTO A, et al, 2015. Modelling air pollution abatement in deep street canyons by means of air scrubbers [M]. Ithaca: Cornell University Library.

DE JONG M, 2013. Exploring the relevance of the eco-city concept in China: The case of Shenzhen Sino-Dutch low carbon city [J]. The Journal of Urban Technology, 20 (1): 95 – 113.

DECKER E H, ELLIOTT S, SMITH F A, et al, 2000. Energy and material flow through the urban ecosystem [J]. Annual Review of Energy and the Environment, 25 (1): 685 – 740.

DEMPSEY N, BRAMLEY G, POWER S, et al, 2011. The social dimension of sustainable development: Defining urban social sustainability [J]. Sustainable Development, 19 (5): 289 – 300.

DENDLER L, SHARMINA M, CALVERLEY D, et al, 2012. Sustainable futures: Multi-disciplinary perspectives on multi-level transitions [J]. Environmental Development, 2: 2 – 5.

DENZIN N K, LINCOLN Y S, 2005. The SAGE handbook of qualitative research [M]. Thousand Oaks: Sage Publications.

DIELEMAN H, 2013. Organizational learning for resilient cities, through realizing eco-cultural innovations [J]. Journal of Cleaner Production, 50: 171 – 180.

DONG L, FUJITA T, DAI M, et al, 2015. Towards preventative eco-industrial development: An industrial and urban symbiosis case in one typical industrial city in China [J]. Journal of Cleaner Production, 114: 387 – 400.

DUAN X, LI X, TAN W, et al, 2022. Decoupling relationship analysis between urbanization and carbon emissions in 33 African countries [J]. Heliyon, 8 (9): e10423.

DUNN R F, BUSH G E, 2001. Using process integration technology for CLEANER production [J]. Journal of Cleaner Production, 9 (1): 1 – 23.

DYE C, 2008. Health and urban living [J]. Science, 319: 766-769.

ECONOMY E C, 2005. The river runs black: The environmental challenge to China's future [M]. Ithaca, New York: Cornell University Press.

EDUSSURIYA P, CHAN A, YE A, 2011. Urban morphology and air quality in dense residential environments in Hong Kong. Part I: District-level analysis [J]. Atmospheric Environment, 45 (27): 4789-4803.

EEA, 1999. Environmental indicators: Typology and overview. Copenhagen: European Environment Agency.

ELZEN B, GEELS F W, GREEN K, 2004. System innovation and the transition to sustainability: Theory, evidence and policy [M]. Cheltenham: Edward Elgar Publishing.

ERNSTSON H, SANDER E V D L, REDMAN C L, et al, 2010. Urban transitions: On urban resilience and human-dominated ecosystems [J]. Ambio, 39 (8): 531-545.

FAN P, QI J, 2010. Assessing the sustainability of major cities in China [J]. Sustainability Science, 5 (1): 51-68.

FANG X, SHI X, GAO W, 2021. Measuring urban sustainability from the quality of the built environment and pressure on the natural environment in China: A case study of the Shandong Peninsula region [J]. Journal of Cleaner Production, 289: 125145.

FERRÃO P, FERNANDEZ J, 2013. Sustainable urban metabolism [M]. Cambridge, Massachusetts: The MIT Press.

FISCHER-KOWALSKI M, 1998. Society's metabolism, the intellectual history of materials flow analysis [J]. Journal of Industrial Ecology, 2 (1): 61-78.

FISCHER-KOWALSKI M, KRAUSMANN F, GILJUM S, et al, 2011. Methodology and indicators of economy-wide material flow accounting [J]. Journal of Industrial Ecology, 15 (6): 855-876.

FOO K Y, 2013. A vision on the role of environmental higher education contributing to the sustainable development in Malaysia [J]. Journal of Cleaner Production, 61: 6-12.

FOTOVVAT S, SAFARI K, ZAYYARI K, et al, 2014. A study on relationship between social capital and sustainable development [J]. Management Science Letters, 4 (9): 2117-2120.

FRASER E D G, DOUGILL A J, MABEE W E, et al, 2006. Bottom up and top down: Analysis of participatory processes for sustainability indicator identification as a pathway to community empowerment and sustainable environmental management [J]. Journal of Environmental Management, 78 (2): 114-127.

FRIEDMANN J, 1966. Two concepts of urbanization: A comment [J]. Urban Affairs Quarterly, 1 (4): 78-84.

FRISK E, LARSON K L, 2011. Educating for sustainability: Competencies & practices for transformative action [J]. Journal of Sustainability Education, 2: 1-20.

FU B, ZHUANG X, JIANG G, et al, 2007. Feature: Environmental problems and challenges in China [J]. Environmental Science & Technology, 41 (22): 7597-7602.

FULTON D C, MANFREDO M J, LIPSCOMB J, 1996. Wildlife value orientations: A conceptual and measurement approach [J]. Human Dimensions of Wildlife, 1 (2): 24-47.

GAGNON THOMPSON S C, BARTON M A, 1994. Ecocentric and anthropocentric attitudes toward the environment [J]. Journal of Environmental Psychology, 14 (2): 149-157.

GALEA S, VLAHOV D, 2005. Urban health: Evidence, challenges, and directions [J]. Annual Rreview of Public Health, 26: 341-365.

GATTO A, DRAGO C, PANARELLO D, et al, 2023. Energy transition in China: Assessing progress in sustainable development and resilience directions [J]. International Economics, 176: 100450.

GAY K, 2012. Living green: The ultimate teen guide [M]. Plymouth: Scarecrow Press.

GEELS F W, 2011. The multi-level perspective on sustainability transitions: Responses to seven criticisms [J]. Environmental Innovation and Societal

Transitions, 1 (1): 24-40.

GENG Y, DOBERSTEIN B, 2008. Developing the circular economy in China: Challenges and opportunities for achieving 'leapfrog development' [J]. International Journal of Sustainable Development & World Ecology, 15 (3): 231-239.

GIBBONS M, JOHNSTON R, 1974. The roles of science in technological innovation [J]. Research Policy, 3 (3): 220-242.

GIDDINGS B, HOPWOOD B, MELLOR M, et al, 2005. Back to the city: A route to urban sustainability [M] // JENKS M, DEMPSEY N. Future forms and design for sustainable cities. Oxford: Architectural Press.

GIDDINGS B, HOPWOOD B, O'BRIEN G, 2002. Environment, economy and society: Fitting them together into sustainable development [J]. Sustainable Development, 10 (4): 187-196.

GIRARDET H, 1992. Cities: New directions for sustainable urban living [M]. London: Gaia Books.

GLAESER E L, KALLAL H D, SCHEINKMAN J A, et al, 1992. Growth in cities [J]. Journal of Political Economy, 100 (6): 1126-1152.

GOLDSTEIN B, BIRKVED M, QUITZAU M B, et al, 2013. Quantification of urban metabolism through coupling with the life cycle assessment framework: Concept development and case study [J]. Environmental Research Letters, 8 (3): 1-14.

GONG P, LIANG S, CARLTON E J, et al, 2012. Urbanisation and health in China [J]. The Lancet, 379 (9818): 843-852.

GROOTEN M, 2012. Living planet report 2012: Biodiversity, biocapacity and better choices [R]. Gland, Switzerland: WWF International/Zoological Society of London/Global Footprint Network.

GUO Z, BOEING W J, BORGOMEO E, et al, 2021. Linking reservoir ecosystems research to the sustainable development goals [J]. Science of The Total Environment, 781: 146769.

GUY S, MARVIN S, 2007. Constructing sustainable urban futures: From models to competing pathways [M] // DEAKIN M, MITCHELL G, NIJKAMP P, et al. Sustainable Urban Development Volume 2: The Environmental Assessment Methods. London and New York: Routledge.

HACKETT S C, 2006. Environmental and natural resources economics: Theory, policy, and the sustainable society [M]. 3rd ed. Armonk: M. E. Sharpe.

HARDER M K, BURFORD G, HOOVER E, 2013. What is participation? Design leads the way to a cross-disciplinary framework [J]. Design Issues, 29 (4): 41-57.

HARDER M K, VELASCO I, BURFORD G, et al, 2014. Reconceptualizing 'effectiveness' in environmental projects: Can we measure values-related achievements? [J]. Journal of Environmental Management, 139: 120-134.

HARPER C L, 2004. Environment and society: Human perspectives on environmental issues [M]. 3rd ed. Upper Saddle River, New Jersey: Prentice Hall.

HARVEY D, 2008. The right to the city [J]. New Left Review, (53): 23-40.

HASHIMOTO S, MORIGUCHI Y, 2004. Proposal of six indicators of material cycles for describing society's metabolism: From the viewpoint of material flow analysis [J]. Resources, Conservation and Recycling, 40 (3): 185-200.

HE G, LU Y, MOL A P, et al, 2012. Changes and challenges: China's environmental management in transition [J]. Environmental Development, 3: 25-38.

HELLSTRÖM D, JEPPSSON U, K RRMAN E, 2000. A framework for systems analysis of sustainable urban water management [J]. Environmental Impact Assessment Review, 20 (3): 311-321.

HJERN B, 1982. Implementation research: The link gone missing [J]. Journal of Public Policy, 2 (3): 301-308.

HO W, XU X, DEY P K, 2010. Multi-criteria decision making approaches for supplier evaluation and selection: A literature review [J]. European Journal of Operational Research, 202 (1): 16-24.

HODGSON G M, 2006. What are institutions? [J]. Journal of Economic Issues,

40: 1-25.

HOEKSTRA R, VAN DEN BERGH J C J M, 2003. Comparing structural decomposition analysis and index [J]. Energy Economics, 25 (1): 39-64.

HOPWOOD B, MELLOR M, O'BRIEN G, 2005. Sustainable development: Mapping different approaches [J]. Sustainable Development, 13 (1): 38-52.

HSING Y T, 2010. The great urban transformation: Politics of land and property in China [M]. Oxford: Oxford University Press.

HUANG C-L, VAUSE J, MA H-W, et al, 2012. Using material/substance flow analysis to support sustainable development assessment: A literature review and outlook [J]. Resources, Conservation and Recycling, 68: 104-116.

HUANG H, YIN L, 2015. Creating sustainable urban built environments: An application of hedonic house price models in Wuhan, China [J]. Journal of Housing and the Built Environment, 30 (2): 219-235.

HUANG S L, HSU W L, 2003. Materials flow analysis and emergy evaluation of Taipei's urban construction [J]. Landscape Urban Planning, 63 (2): 61-74.

HUANG X, ZHAO D, BROWN C G, et al, 2010. Environmental issues and policy priorities in China: A content analysis of government documents [J]. China: An International Journal, 8 (2): 220-246.

HUANG Y, ZHOU Z, 2013. A numerical study of airflow and pollutant dispersion inside an urban street canyon containing an elevated expressway [J]. Environmental Modeling & Assessment, 18 (1): 105-114.

HUBACEK K, GUAN D, BARRETT J, et al, 2009. Environmental implications of urbanization and lifestyle change in China: Ecological and water footprints [J]. Journal of Cleaner Production, 17 (14): 1241-1248.

IPCC, 2014. Climate change 2014: Impacts, adaptation, and vulnerability [M]. Cambridge, UK: Cambridge University Press.

IUCN, UNEP, WWF, 1991. Caring for the Earth: A strategy for sustainable living [M]. Gland: IUCN, UNEP, WWF.

JABAREEN Y R, 2006. Sustainable urban forms their typologies, models, and concepts [J]. Journal of Planning Education and Research, 26 (1): 38-52.

JAGO-ON K A B, KANEKO S, FUJIKURA R, et al, 2009. Urbanization and subsurface environmental issues: An attempt at DPSIR model application in Asian cities [J]. Science of the Total Environment, 407 (9): 3089-3104.

JAIN P, JAIN P, 2013. Sustainability assessment index: A strong sustainability approach to measure sustainable human development [J]. International Journal of Sustainable Development and World Ecology, 20 (2): 116-122.

JEPSON P, 2005. Governance and accountability of environmental NGOs [J]. Environmental Science & Policy, 8 (5): 515-524.

JIANG P, CHEN Y, DONG W, et al, 2014. Promoting low carbon sustainability through benchmarking the energy performance in public buildings in China [J]. Urban Climate, 10: 92-104.

KAIDA N, KAIDA K, 2016. Facilitating pro-environmental behavior: The role of pessimism and anthropocentric environmental values [J]. Social Indicators Research, 126 (3): 1243-1260.

KAPLAN S, KAPLAN R, 1989. The visual environment: Public participation in design and planning [J]. Journal of Social Issues, 45 (1): 59-86.

KEMP D, 1995. Environmental dictionary. London: Routledge.

KENNEDY C, PINCETL S, BUNJE P, 2011. The study of urban metabolism and its applications to urban planning and design [J]. Environmental Pollution, 159 (8): 1965-1973.

KINZIG A P, EHRLICH P R, ALSTON L J, et al, 2013. Social norms and global environmental challenges: The complex interaction of behaviors, values, and policy [J]. Bioscience, 63 (3): 164-175.

KLEWITZ J, HANSEN E G, 2014. Sustainability-oriented innovation of SMEs: A systematic review [J]. Journal of Cleaner Production, 65: 57-75.

KNIGHT J, YAO Y, YUEH L, 2011. Economic growth in China: Productivity and policy [J]. Oxford B Econ Stat, 73 (6): 719-721.

KNOX-HAYES J, HAYES J, 2014. Technocratic norms, political culture and climate change governance [J]. Geografiska Annaler: Series B, Human Geography, 96 (3): 261-276.

KOHN L, 1993. The Taoist experience: An anthology [M]. Albany: State University of New York Press.

KONG H J, SHI L F, DA D, et al, 2022. Simulation of China's carbon emission based on influencing factors [J]. Energies, 15 (9): 3272.

KOVANDA J, VAN DE SAND I, SCHUTZ H, et al, 2012. Economy-wide material flow indicators: Overall framework, purposes and uses and comparison of material use and resource intensity of the Czech Republic, Germany and the EU-15 [J]. Ecological Indicators, 17: 88 – 98.

KRLEV G, TERSTRIEP J, 2022. Pinning it down? Measuring innovation for sustainability transitions [J]. Environmental Innovation and Societal Transitions, 45: 270 – 288.

KUSAKABE E, 2012. Social capital networks for achieving sustainable development [J]. Local Environment, 17 (10): 1043 – 1062.

KUZNETS S, 1955. Economic growth and income inequality [J]. The American Economic Review, 45 (1): 1 – 28.

KUZNETS S, 1968. Toward a theory of economic growth: With reflections on the economic growth of modern nations [M]. New York: Norton.

LAGANIER R, 2012. Resilience and urban risk management [M]. Leiden, The Netherlands: CRC Press.

LEE M J, LEE D E, 2014. Questioning beliefs surrounding urban sustainability [J]. Journal of Asian Architecture and Building Engineering, 13 (13): 163 – 170.

LEFEBVRE H, 2012. The right to the city [J]. Praktyka Teoretyczna, 5: 183 – 197.

LEISEROWITZ A A, KATES R W, PARRIS T M, 2006. Sustainability values, attitudes, and behaviors: A review of multinational and global trends [J]. Annual Review of Environment and Resources, 31 (1): 413 – 444.

LENSSEN J-J, DENTCHEV N A, ROGER L, 2014. Sustainability, rish management and governance: Towards an integrative approach [J]. Corporate Governance, 14 (5): 670 – 684.

LEON D A, 2008. Cities, urbanization and health [J]. International Journal of Epidemiology, 37 (1): 4-8.

LI Q, SONG J, WANG E, et al, 2014. Economic growth and pollutant emissions in China: A spatial econometric analysis [J]. Stochastic Environmental Research and Risk Assessment, 28 (2): 429-442.

LI W, LIU J, LI D, 2012. Getting their voices heard: Three cases of public participation in environmental protection in China [J]. Journal of Environmental Management, 98 (1): 65-72.

LI Y, 2017. Enhancing the understanding of urban systems for sustainability transition: A study of urban environmental management in the natural resource-based industrial city of Jinchang, China [D]. Brisbane: The University of Queensland.

LI Y, BEETON R J S, HALOG A, et al, 2016a. Evaluating urban sustainability potential based on material flow analysis of inputs and outputs: A case study in Jinchang City, China [J]. Resources, Conservation and Recycling, 110: 87-98.

LI Y, BEETON R J S, SIGLER T, et al, 2016b. Modelling the transition toward urban sustainability: A case study of the industrial city of Jinchang, China [J]. Journal of Cleaner Production, 134: 22-30.

LI Y, BEETON R J S, SIGLER T, et al, 2019. Enhancing the adaptive capacity for urban sustainability: A bottom-up approach to understanding the urban social system in China [J]. Journal of Environmental Management, 235: 51-61.

LI Y, CHENG H, BEETON R J S, et al, 2016c. Sustainability from a Chinese cultural perspective: The implications of harmonious development in environmental management [J]. Environment, Development and Sustainability, 18 (3): 679-696.

LIAO W, HEIJUNGS R, HUPPES G, 2012. Thermodynamic analysis of human-environment systems: A review focused on industrial ecology [J]. Ecological Modelling, 228: 76-88.

LIEBERTHAL K, OKSENBERG M, 1988. Policy making in China: Leaders, structures, and processes [M]. Princeton: Princeton University Press.

LIEFLÄNDER A K, FRÖHLICH G, BOGNER F X, et al, 2013. Promoting connectedness with nature through environmental education [J]. Environmental Education Research, 19 (3): 370-384.

LIN C, CHI Y, 2007. Chinese management philosophy-study on confucius thought [J]. Journal of American Academy of Business Cambridge, 11 (1): 191-196.

LIN L, 2013. Enforcement of pollution levies in China [J]. Journal of Public Economics, 98: 32-43.

LIU H, ZHOU G, WENNERSTEN R, et al, 2014. Analysis of sustainable urban development approaches in China [J]. Habitat International, 41: 24-32.

LIU J, DIAMOND J, 2008. Revolutionizing China's environmental protection [J]. Science, 319 (5859): 37-38.

LIU J, DIETZ T, CARPENTER S R, et al, 2007. Complexity of Coupled Human and Natural Systems [J]. Science, 317 (5844): 1513-1516.

LIU L, ZHANG B, BI J, 2012. Reforming China's multi-level environmental governance: Lessons from the 11th Five-Year Plan [J]. Environmental Science & Policy, 21: 106-111.

LIU S D, DING P Y, XUE B R, et al, 2020. Urban sustainability evaluation based on the DPSIR dynamic model: A case study in Shaanxi Province, China [J]. Sustainability, 12 (18): 7460.

LOMBARDI D R, DONALD L, HAN S, et al, 2012. Industrial symbiosis: Testing the boundaries and advancing knowledge [J]. Journal of Industrial Ecology, 16 (1): 2-7.

LOORBACH D, FRANTZESKAKI N, AVELINO F, 2017. Sustainability transitions research: Transforming science and practice for societal change [J]. Annual Review of Environment and Resources, 42 (1): 599-626.

LOVELL S T, 2010. Multifunctional urban agriculture for sustainable land use planning in the United States [J]. Sustainability, 2 (8): 2499-2522.

LOZANO R, HUISINGH D, 2011. Inter-linking issues and dimensions in sustainability reporting [J]. Journal of Cleaner Production, 19 (2): 99-107.

LUBOWIECKI-VIKUK A, DĄBROWSKA A, MACHNIK A, 2021. Responsible consumer and lifestyle: Sustainability insights [J]. Sustainable Production and Consumption, 25: 91-101.

LUCAS R E, 1988. On the mechanics of economic development [J]. Journal of Monetary Economics, 22 (1): 3-42.

MAANI K, CAVANA R Y, 2007. Systems thinking, system dynamics: Managing change and complexity [M]. Auckland: Prentice Hall.

MAHDAVI A, RIES R, 1998. Towards computational eco-analysis of building designs [J]. Computers & Structures, 67 (5): 375-387.

MAIELLO A, CHRISTOVAO A C, BRITTO A, et al, 2013. Public participation for urban sustainability: Investigating relations among citizens, the environment and institutions - an ethnographic study [J]. Local Environment, 18 (2):, 167-183.

MARROCU E, PACI R, 2012. Education or creativity: What matters most for economic performance? [J]. Economic Geography, 88 (4): 369-401.

MARSH G P, 1864. Man and nature [M]. Cambridge: Belknap Press of Harvard University Press.

MARTIN G C, WHEELER K, 1975. Insights into environmental education [M]. Edinburgh: Oliver and Boyd, Croythorn House.

MATUS K J M, NAM K-M, SELIN N E, et al, 2012. Health damages from air pollution in China [J]. Global Environmental Change, 22 (1): 55-66.

MATUTINOVIĆ I, 2012. The prospects of transition to sustainability from the perspective of environmental values and behaviors in the EU 27 and globally [J]. International Journal of Sustainable Development & World Ecology, 19 (6): 526-535.

MCCORMICK K, ANDERBERG S, COENEN L, et al, 2013. Advancing sustainable urban transformation [J]. Journal of Cleaner Production, 50: 1-11.

MCDONOUGH W, BRAUNGART M, 2002. Cradle to cradle: Remaking the way we make things [M]. New York: North Point Press.

MCGUIRE W J, 1981. Theoretical foundations of campaigns [M] // RICE R E,

PAISLEY W J. Public Communication Campaigns. Beverly Hills: Sage Publications.

MCKENZIE K, 2008. Urbanization, social capital and mental health [J]. Global Social Policy, 8 (3): 359-377.

MCKENZIE-MOHR D, 2011. Fostering sustainable behavior: An introduction to community-based social marketing [M]. New York: New Society Publishers.

MEADOWS D H, MEADOWS D L, RANDERS J, 2005. The limits to growth: The 30-year update [M]. London: Earthscan.

MEASHAM T G, PRESTON B L, SMITH T F, et al, 2011. Adapting to climate change through local municipal planning: Barriers and challenges [J]. Mitigation and Adaptation Strategies for Global Change, 16 (8): 889-909.

MILLER E, BENTLEY K, 2012. Leading a sustainable lifestyle in a 'non-sustainable world' reflections from Australian ecovillage and suburban residents [J]. Journal of Education for Sustainable Development, 6 (1): 137-147.

MOORE M, GOULD P, KEARY B S, 2003. Global urbanization and impact on health [J]. International Journal of Hygiene and Environmental Health, 206 (4): 269-278.

MUTISYA E, YARIME M, 2014. Moving towards urban sustainability in Kenya: A framework for integration of environmental, economic, social and governance dimensions [J]. Sustainability Science, 9 (2): 205-215.

NASSAUER J I, WU J G, XIANG W N, 2014. Actionable urban ecology in China and the world: Integrating ecology and planning for sustainable cities [J]. Landscape Urban Planning, 125: 207-208.

NAUGHTON B, 2007. The Chinese economy: Transitions and growth [M]. Cambridge: MIT Press.

NELSON R R, PHELPS E S, 1966. Investment in humans, technological diffusion, and economic growth [J]. The American Economic Review, 56 (1): 69-75.

NESS B, ANDERBERG S, OLSSON L, 2010. Structuring problems in sustainability science: The multi-level DPSIR framework [J]. Geoforum, 41 (3): 479-488.

NEUMANN P, 2016. Toxic talk and collective (in) action in a company town: The case of La Oroya, Peru [J]. Social Problems, 63 (3): 431-446.

NEVENS F, FRANTZESKAKI N, GORISSEN L, et al, 2013. Urban Transition Labs: Co-creating transformative action for sustainable cities [J]. Journal of Cleaner Production, 50: 111-122.

NEWMAN P W G, BEATLEY T, BOYER H, 2009. Resilient cities: Responding to peak oil and climate change [M]. Washington DC: Island Press.

NEWMAN P W G, KENWORTHY J, 2000. Sustainable urban form: The big picture [M] // WILLIAMS K, BURTON E, JENKS M. Achieving Sustainable Urban Form. London: E. & F. N. Spon.

NEWTON P W, BAI X, 2008. Transitioning to sustainable urban development [M] //NEWTON P W. Transitions: Pathways towards Sustainable Urban Development in Australia. Collingwood, Australia: CSIRO Pub.

NG M K, 2007. Sustainable development and governance in East Asian World cities [J]. Journal of Comparative Policy Analysis: Research and Practice, 9 (4): 321-335.

NONG D, SCHANDL H, LU Y, et al, 2023. Resource efficiency and climate change policies to support West Asia's move towards sustainability: A computable general equilibrium analysis of material flows [J]. Journal of Cleaner Production, 2023, 421: 138458.

NURSE K, 2006. Culture as the fourth pillar of sustainable development [J]. Small States: Economic Review and Basic Statistics, 11: 28-40.

NYE J S, 2004. Soft power: The means to success in world politics [M]. New York: Public Affairs.

OECD, 2001. OECD environmental indicators: Towards sustainable development [M]. OECD Publishing.

O'SULLIVAN A, 2007. Urban economics [M]. Boston: McGraw-Hill/Irwin.

PAN Y, ROWNEY J A, PETERSON M F, 2012. The structure of Chinese cultural traditions: An empirical study of business employees in China [J]. Management and Organization Review, 8 (1): 77-95.

PAPAOIKONOMOU E, 2013. Sustainable lifestyles in an urban context: Towards a holistic understanding of ethical consumer behaviours: Empirical evidence from Catalonia, Spain [J]. International Journal of Consumer Studies, 37 (2): 181-188.

PARKIN S, 2000. Sustainable development: The concept and the practical challenge [J]. Proceedings of the Institution of Civil Engineers-Civil Engineering, 138 (6): 3-8.

PARRA C, 2010. Sustainability and multi-level governance of territories classified as protected areas in France: The Morvan regional park case [J]. Journal of Environmental Planning and Management, 53 (4): 491-509.

PETER C, 2021. Social Innovation for sustainable urban developmental transitions in sub-Saharan Africa: Leveraging economic ecosystems and the entrepreneurial state [J]. Sustainability, 13 (13): 7360.

POHEKAR S D, RAMACHANDRAN M, 2004. Application of multi-criteria decision making to sustainable energy planning: A review [J]. Renewable and Sustainable Energy Reviews, 8 (4): 365-381.

POL E, 2002. Environmental management: A perspective from environmental psychology [M] //BECHTEL R B, CHURCHMAN A. Handbook of Environmental Psychology. New York: John Wiley & Sons, Inc.

POORTINGA W, STEG L, VLEK C, 2004. Environmental concern, and environmental behavior: A study into household energy use [J]. Environment and Behavior, 36 (1): 70-93.

PORTER T, CÓRDOBA J, 2009. Three views of systems theories and their implications for sustainability education [J]. Journal of Management Education, 33 (3): 323-347.

PORTNEY K E, BERRY J M, 2010. Participation and the pursuit of sustainability in U.S. Cities [J]. Urban Affairs Review, 46 (1): 119-139.

POW C P, NEO H, 2013. Seeing red over green: Contesting urban sustainabilities in China [J]. Urban Studies, 50 (11): 2256-2274.

PRETTY J, SMITH D J, 2004. Social capital in biodiversity conservation and management [J]. Conservation Biology, 18: 631-638.

PRINCEN T, FINGER M, CLARK M L, et al, 1995. Environmental NGOs in world politics: Linking the local and the global [J]. International Affairs, 50 (4): 617-649.

PUCHOL-SALORT P, O'KEEFFE J, VAN REEUWIJK M, et al, 2021. An urban planning sustainability framework: Systems approach to blue green urban design [J]. Sustainable Cities and Society, 66: 102677.

PUNCH K F, 2013. Introduction to social research: Quantitative and qualitative approaches [M]. Thousand Oaks, Calif: SAGE.

QI Y, ZHANG L, 2014. Local environmental enforcement constrained by central-local relations in China [J]. Environmental Policy and Governance, 24 (3): 204-215.

RADYWYL N, BIGGS C, 2013. Reclaiming the commons for urban transformation [J]. Journal of Cleaner Production, 50: 159-170.

RAPPORT D J, FRIEND A M, 1979. Towards a comprehensive framework for environmental statistics: A stress-response approach [M]. Ottawa: Statistics Canada Catalogue.

RAYNER J, HOWLETT M, 2009. Introduction: Understanding integrated policy strategies and their evolution [J]. Policy and Society, 28 (2): 99-109.

REES W, WACKERNAGEL M, 1996. Urban ecological footprints: Why cities cannot be sustainable and why they are a key to sustainability [J]. Environmental Impact Assessment Review, 16: 223-248.

RENNIE D, 1998. Grounded theory methodology: The pressing need for a coherent logic of justification [J]. Theory & Psychology, 8 (1): 101-119.

RHODE D L, ROSS L D, 2008. Environmental values and behaviors: Strategies to encourage public support for initiatives to combat global warming [J]. Virginia Environmental Law Journal, 26 (1): 161-188.

RIVA G, WATERWORTH J A, WATERWORTH E L, 2004. The layers of presence: A bio-cultural approach to understanding presence in natural and mediated environments [J]. CyberPsychology & Behavior, 7 (4): 402-416.

ROBINSON J, 2004. Squaring the circle? Some thoughts on the idea of sustainable development [J]. Ecological Economics, 48 (4): 369-384.

ROBSON C, 2011. Real world research: A resource for users of social research methods in applied settings [M]. 3rd ed. Hoboken: Wiley-Blackwell.

RODE P, BURDETT R, 2011. Cities, in part Ⅱ investing in energy and resource efficiency [M] //UNEP. Towards a Green Economy: Pathways to Sustainable Development and Poverty Eradication. United Nations Environment Programme.

ROGOF B, 2003. The Cultural nature of human development [M]. New York: Oxford University Press.

ROKEACH M, 1973. The nature of human values [M]. New York: Doubleday, Page.

ROSE A, CASLER S, 1996. Input-output structural decomposition analysis: A critical appraisal [J]. Economic Systems Research, 8 (1): 33-62.

ROSELAND M, 2012. Toward sustainable communities: Solutions for citizens and their governments [M]. Gabriola Island: New Society Publishers.

ROTMANS J, VAN ASSELT M B A, 2000. Towards an integrated approach for sustainable city planning [J]. Journal of Multi-Criteria Decision Analysis, 2000, 9 (1): 110-124.

RU X, CHEN S, DONG H, 2012. An Empirical Study on Relationship between Economic Growth and Carbon Emissions Based on Decoupling Theory [J]. Journal of Sustainable Development, 5 (8): 43-51.

RYAN C, 2013. Eco-acupuncture: Designing and facilitating pathways for urban transformation, for a resilient low-carbon future [J]. Journal of Cleaner Production, 50: 189-199.

SACCO P L, CROCIATA A, 2013. A conceptual regulatory framework for the design and evaluation of complex, participative cultural planning strategies [J]. International Journal of Urban and Regional Research, 37 (5): 1688-1706.

SAICH T, YUSUF S, 2008. China urbanizes: consequences, strategies, and policies [M]. Washington, D. C.: World Bank.

SALKIND N J, 2012. 100 questions (and answers) about research methods [M]. Thousand Oaks: SAGE.

SANDY THOMAS C E, 2012. "How green are electric vehicles?"[J]. International Journal of Hydrogen Energy, 37 (7): 6053-6062.

SAPIAINS R, BEETON R J S, WALKER I, 2015. The dissociative experience: Mediating the tension between people's awareness of environmental problems and their inadequate behavioral responses [J]. Ecopsychology, 7 (1): 38-47.

SAPIAINS R, BEETON R J S, WALKER I A, 2016. Individual responses to climate change: Framing effects on pro-environmental behaviors [J]. Journal of Applied Social Psychology, 46 (8): 483-493.

SARKAR A N, 2013. Promoting eco-innovations to leverage sustainable development of eco-industry and green growth [J]. European Journal of Sustainable Development, 2 (1): 171-224.

SCHAFER E H, 1967. Ancient China [M]. New York: Time-Life Books.

SCHANDL H, WEST J, 2012. Material flows and material productivity in China, Australia, and Japan [J]. Journal of Industrial Ecology, 16 (3): 352-364.

SCHEWENIUS M, MCPHEARSON T, ELMQVIST T, et al, 2014. Opportunities for increasing resilience and sustainability of urban social-ecological systems: Insights from the URBES and the cities and biodiversity outlook projects [J]. Ambio, 43 (4): 434-444.

SEYFANG G, HAXELTINE A, 2012. Growing grassroots innovations: Exploring the role of community-based initiatives in governing sustainable energy transitions [J]. Environment and Planning C: Government and Policy, 30 (3): 381-400.

SHEN L, PENG Y, ZHANG X, et al, 2012. An alternative model for evaluating sustainable urbanization [J]. Cities, 29 (1): 32-39.

SHEN L Y, OCHOA J J, SHAH M N, et al, 2011. The application of urban sustainability indicators: A comparison between various practices [J]. Habitat International, 35 (1): 17-29.

SHIPP S S, 2015. Governance for urban sustainability and resilience [J]. Science and Public Policy, 42 (6): 904 - 905.

SICOTTE D, 2009. Power, profit and pollution: The persistence of environmental injustice in a company town [J]. Human Ecology Review, 16 (2): 141 - 150.

SMEDBY N, NEIJ L, 2013. Experiences in urban governance for sustainability: The constructive dialogue in Swedish municipalities [J]. Journal of Cleaner Production, 50: 148 - 158.

SMITH A, FRESSOLI M, THOMAS H, 2013. Grassroots innovation movements: Challenges and contributions [J]. Journal of Cleaner Production, 63: 114 - 124.

SRIVASTAVA K, 2009. Urbanization and mental health [J]. Industrial Psychiatry Journal, 18 (2): 75 - 76.

STEEL B S, LIST P, SHINDLER B, 1994. Conflicting values about federal forests: A comparison of national and oregon publics [J]. Society & Natural Resources, 7 (2): 137 - 153.

STOKOLS D, ALTMAN I, 1987. Handbook of environmental psychology [M]. New York: Wiley.

STOSSEL Z, KISSINGER M, MEIR A, 2015. Measuring the biophysical dimension of urban sustainability [J]. Ecological Economics, 120: 153 - 163.

SU B, ANG B W, 2012. Structural decomposition analysis applied to energy and emissions: Some methodological developments [J]. Energy Economics, 34 (1): 177 - 188.

SUN J W, 2000. Dematerialization and sustainable development [J]. Sustainable Development, 8 (3): 142 - 145.

SUZANNE M, 1997. China grapples with environmental problems [J]. Chemical Week, 159 (33): 61 - 63.

TAPIO P, 2005. Towards a theory of decoupling: degrees of decoupling in the EU and the case of road traffic in Finland between 1970 and 2001 [J]. Transport Policy, 12 (2): 137 - 151.

THOMSON G, NEWMAN P, 2018. Urban fabrics and urban metabolism: From sustainable to regenerative cities [J]. Resources, Conservation & Recycling, 132: 218-229.

TIDBALL K, STEDMAN R, 2013. Positive dependency and virtuous cycles: From resource dependence to resilience in urban social-ecological systems [J]. Ecological Economics, 86: 292-299.

TILBURY D, 1995. Environmental education for sustainability: Defining the new focus of environmental education in the 1990s [J]. Environmental Education Research, 1 (2): 195-212.

TIMMERMANS W, 2004. Crises and innovation in sustainable city planning [M] // MARCHETTINI N, BREBBIA C A, TIEZZI E, et al. The Sustainable City Ⅲ: Urban Regeneration and Sustainability. Southampton: WIT Press.

TRIANDIS H C, 1996. The psychological measurement of cultural syndromes [J]. American Psychologist, 51 (4): 407-415.

TSCHERNING K, HELMING K, KRIPPNER B, et al, 2012. Does research applying the DPSIR framework support decision making? [J]. Land Use Policy, 29 (1): 102-110.

TURCU C, 2013. Re-thinking sustainability indicators: Local perspectives of urban sustainability [J]. Journal of Environmental Planning and Management, 56 (5): 695-719.

UNCSD, 1997. From theory to practice: Indicators for sustainable development [M]. New York: United Nations Commission on Sustainable Development.

UNEP, 2012. Global Environmental Outlook 5, United Nations Environment Programme.

VAN STIGT R, DRIESSEN P P J, SPIT T J M, 2013. A window on urban sustainability: Integration of environmental interests in urban planning through "decision windows" [J]. Environmental Impact Assessment Review, 42: 18-24.

VEHMAS J, MALASKA P, LUUKKANEN J, et al, 2003. Europe in global battle of sustainability: Rebound strikes back? Advanced sustainability analysis [M]. Turku: Publications of the Turku School of Economics and Business

Administration.

VOET E, OERS L, NIKOLIC I, 2004. Dematerialization: Not just a matter of weight [J]. Journal of Industrial Ecology, 8 (4): 121-137.

WAAS T, HUG J, VERBRUGGEN A, et al, 2011. Sustainable development: A bird's eye view [J]. Sustainability, 3 (10): 1637-1661.

WACKERNAGEL M, SCHULZ N B, DEUMLING D, et al, 2002. Tracking the ecological overshoot of the human economy [J]. Proceedings of the National Academy of Sciences, 99 (14): 9266-9271.

WAMSLER C, 2015. Mainstreaming ecosystem-based adaptation: Transformation toward sustainability in urban governance and planning [J]. Ecology & Society, 20 (2): 30.

WANG X, LI Y, LIU N, et al, 2020. An urban material flow analysis framework and measurement method from the perspective of urban metabolism [J]. Journal of Cleaner Production, 257: 120564.

WCED, 1987. Our common future [M]. New York: Oxford University Press.

WEINSTEIN M P, 2010. Sustainability science: The emerging paradigm and the ecology of cities [J]. Sustainability: Science, Practice, & Policy, 6 (1): 1-5.

WILLIS B, 2005. Towards a sustainable city: Rebuilding lower Manhattan [M] // JENKS M, DEMPSEY N. Future forms and design for sustainable cities. Oxford: Architectural Press.

WOLMAN A, 1965. The metabolism of cities [J]. Scientific American, 213 (3): 179-190.

WONG T C, YUEN B, 2011. Understanding the origins and evolution of eco-city development: An introduction [M] // WONG T C, YUEN B. Eco-city Planning. Dordrecht Netherlands: Springer.

WU J, 2014. Urban ecology and sustainability: The state-of-the-science and future directions [J]. Landscape Urban Planning, 125: 209-221.

XIANG W-N, STUBER R M B, MENG X, 2011. Meeting critical challenges and striving for urban sustainability in China [J]. Landscape Urban Planning,

100 (4): 418-420.

XU M, ZHANG T, 2007. Material flows and economic growth in developing China [J]. Journal of Industrial Ecology, 11 (1): 121-140.

YANG Y, LI Y, CHEN F, et al, 2019. Regime shift and redevelopment of a mining area's socio-ecological system under resilience thinking: A case study in Shanxi Province, China [J]. Environment, Development and Sustainability, 21 (5): 2577-2598.

YIN R K, 2009. Case study research: Design and methods [M]. Thousand Oaks, California: Sage Publications.

ZHAO H, GUO S, 2015. External benefit evaluation of renewable energy power in China for sustainability [J]. Sustainability, 7 (5): 4783-4805.

ZHONG L, MOL A P J, 2008. Participatory environmental governance in China: Public hearings on urban water tariff setting [J]. Journal of Environmental Management, 88 (4): 899-913.

ZHOU N, HE G, WILLIAMS C, 2012. China's development of low-carbon eco-cities and associated indicator systems [R/OL]. Lawrence Berkeley National Laboratory. https://escholarship.org/uc/item/0f4967nd.

ZHOU Y, MA L J C, 2005. China's urban population statistics: A critical evaluation [J]. Eurasian Geography and Economics, 46 (4): 272-289.